Neue systematische Ordnung der Neu-Punkte

Von Dr. med. Elisabeth Petricek und Dr. med. Hans Zeitler
(Übersetzt aus dem Chinesischen von Dr. med. A. Meng Chao-Lai)

Handbuch der Akupunktur und Aurikulotherapie
(Herausgegeben von Dr. med. Johannes Bischko)

Beitrag 3.1.0.
(Systematik)

Karl F. Haug Verlag, Heidelberg

© 1976 Karl F. Haug Verlag, Heidelberg

Alle Rechte, einschließlich derjenigen der photomechanischen Wiedergabe und des auszugsweisen Nachdrucks, vorbehalten.

Verlags-Nr. 7635
ISBN 3-7760-0387-1

(ISBN für Gesamtwerk BISCHKO, Handbuch der Akupunktur und Aurikulotherapie 3-7760-0364-2)

Herstellung: Pilger-Druckerei GmbH, 6720 Speyer

Vorwort und „Gebrauchsanweisung"

Dieses Skriptum stellt den Versuch dar, die sogenannten Neu-Punkte, P. a. M., Extraordinary Points, Points curieux en dehors des meridiens, in eine systematische Ordnung zu bringen, die es ermöglicht, sofern man die Lokalisation der klassischen Akupunkturpunkte kennt, die dem System jeweils als Bezugspunkte dienen, diese Punkte leichter als bisher zu finden. Dies geschieht folgendermaßen:

Jener Punkt, der dem Bezugspunkt topographisch am nächsten gelegen ist und **auf** dessen Meridian lokalisiert ist, bekommt den Zusatz -1.

Ein etwas ferner gelegener Punkt, falls er ebenfalls auf dem Meridian liegt, den Zusatz -2, usw.

Liegt der Punkt **außerhalb** eines Meridians, erhält er den Zusatz -01, der etwas vom Bezugspunkt ferner liegende Punkt wird mit -02 bezeichnet, usw.

Beispiel: G 34 -1   bisher P. a. M. 152 = „Gallenblasenpunkt" — **auf** dem G-Meridian, 1 Querfinger distal von G 34.

G 34 -2   bisher Neu-Punkt 92 = „Unterhalb von G 34" — auf dem G-Meridian, 2 Cun distal von G 34.

G 34 -01   bisher P. a. M. 153 = „Hinter dem Hügel" **außerhalb** des G-Meridians, jedoch G 34 am nächsten gelegen, nämlich distal vom Hinterrand des Capitulum fibulae, in einer Vertiefung, G 34 gegenüber.

G 34 -02   bisher P. a. M. 154 = „Unter und hinter dem Hügel" — **außerhalb** des Meridians und 5 Fen unter G 34 -01 gelegen, also etwas weiter abseits vom Bezugspunkt G 34.

G 34 -03   bisher Neu-Punkt 91 = „Punkt der Taubheit am Fuß" — **außerhalb** des Meridians und weiter weg von G 34 als G 34 -02, nämlich 3 Cun distal vom Hinterrand des Capitulum fibulae.

Bei den selten vorkommenden Punktekombinationen, die aus mehreren, um einen Bezugspunkt gruppierten Punkten bestehen, wurde folgende Vorgangsweise gewählt:

$$\frac{-01}{}$$

---•--- LG 20 ---•--- LG - -   bisher unter EXTRA 6 sowie P. a. M. 1
$\underline{-1}$ $\underline{-1}$ „Weisheit der 4 Götter" geführt. Bei dieser
                         Punktekombination liegen 2 Punkte auf
             $\underline{-01}$ dem LG = -1, 2 Punkte außerhalb des LG
Beispiel für LG 20 -1   = -01. Der Bezugspunkt ist LG 20.
               -01

Wie aus den Beispielen ersehen werden kann, läßt sich die annähernde Lokalisation durch den, auch dem Anfänger bekannten Bezugspunkt feststellen und darüber hinaus auch, ob der Punkt auf einem Meridian liegt oder außerhalb.

Da die Indikationen der sogenannten „Neu-Punkte" und der P. a. M. von jenen der Bezugspunkte abgeleitet wurden, besteht keine Schwierigkeit, wenn man jene des klassischen Punktes kennt, diese Punkte fallweise in die Punktewahl einzubeziehen.

Ein kurzer Kommentar soll die Zusammenhänge verständlicher machen und die Verwendung dieser Punkte erleichtern.

Mit den in fetter Schrift gedruckten Punkten wurden jene Punkte abgegrenzt, die in der neuesten chinesischen Literatur aus den 280 Neu-Punkten und P. a. M. herausgehoben wurden. Es sind dies 36 als EXTRA bezeichnete Punkte.

Wir hoffen, mit diesem Skriptum einen Beitrag zur Vereinheitlichung der Nomenklatur geleistet zu haben.

Maßeinheiten

Die Entfernungen der Punkte voneinander, oder von anatomisch gegebenen Anhaltspunkten, werden in der Maßeinheit Cun (bei verschiedenen Autoren auch Tsun oder Sun) und Fen angegeben, ebenso die Tiefe des Stiches für den jeweiligen Punkt.

Während das offizielle Cun und das Fen = $^1/_{10}$ Cun eine genormte Länge darstellt, wird in der traditionellen Medizin als Maßeinheit das „persönliche" Cun verwendet.

Dieses Cun variiert je nach der Konstitution des betreffenden Patienten! Man muß seine Länge also von Fall zu Fall ermitteln!

Dies geschieht, indem man den Patienten ersucht, seine Daumen- und Mittelfingerspitzen zusammenzulegen. (Es entsteht dadurch eine Art Kreis.) Der Abstand der oberen Enden der sich nun am Mittelglied des Mittelfingers bildenden Falten ergibt das persönliche Cun dieses Patienten 1 Fen = $^1/_{10}$ Cun.

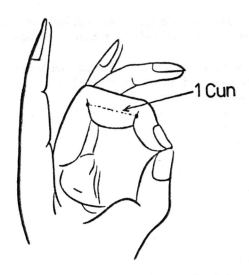

Auch die Breite des Daumens, gemessen in Nagelbetthöhe, entspricht etwa einem persönlichen Cun.
Nur mehr approximativ richtig ist die Angabe: 4 Querfinger = 3 Cun.

Stichtiefe

Die in der neueren Literatur angegebenen Stichtiefen sind ungewöhnlich, ja sie erscheinen gegenüber jenen, die in der Tradition in China postuliert wurden und in ähnlicher Weise in Japan und im Westen bisher praktiziert wurden, exzessiv tief.

Dies erklärt sich daraus, daß zur Erreichung des „Nadelgefühls" (De Qui, De Tsri) ein derart tiefer Stich notwendig ist, besonders dann, wenn von diesem Punkt aus eine Analgesie oder analgesieähnliche Wirkung erreicht werden soll, wozu dann noch die Nadel manuell oder elektrisch stimuliert werden muß.

Es wäre jedoch sicher eine Fehlinterpretation, **jeden** Punkt in der für diesen Zweck angegebenen Maximaltiefe zu stechen!!!

Die Stichtiefe (und die eventuelle Manipulation der Nadeln) hängen absolut von der Art und Lokalisation der Erkrankung, der Konstitution (auch der psychischen!) des Patienten und nicht zuletzt von der „Wertigkeit" des gewählten Punktes im Hinblick auf seine therapeutische Wirksamkeit innerhalb des empirisch bewährten Ordnungssystems ab!

Kommentar

In den Kommentaren zu den jeweiligen Punkten wurde versucht, die Zusammenhänge zwischen den derzeit bekannten 361 klassischen Akupunkturpunkten und den „Neu-Punkten" und P. a. M. hervorzuheben. Bei dieser

Analyse fällt bei den meisten dieser Punkte auf, daß vor allem ihre Indikationen von jenen der seit Jahrhunderten bekannten Bezugspunkte abgeleitet wurden.

Es gibt also nur ganz wenige „Neu-Punkte" im Sinne des Wortes und diese werden, wenn sie sich bewähren, in das System der bekannten Akupunkturpunkte integriert werden.

Die Lokalisation der Punkte sowie von Teilen der Meridianverläufe differieren bei den einzelnen Autoren nicht unwesentlich.

Wir mußten uns an die neuesten chinesischen Tafeln mit ihren Angaben halten, weil auf ihnen alle Neu-Punkte und P. a. M. verzeichnet sind und daher auch an deren Angaben über die Meridianverläufe.

Für diese „Monomanie" bitten wir um Verständnis.

NEUE SYSTEMATISCHE ORDNUNG FÜR DIE WICHTIGSTEN DER

  36 Points curieux en dehors des meridiens,
  36 Extraordinary Points,
110 Neupunkte,
171 P. a. M. = Punkte außerhalb der Meridiane.

Kopf-Hals-Bereich

LG 20 -1: **LG 20 -01:** **EXTRA -6** **P. a. M. -1**	Si Shen Cong, Szu Shen Tsung, Se Schen Tsung. „Weisheit der 4 Götter", „4 kluge Götter".
Lokalisation: --- 20 ---- LG	Die 4 Punkte liegen je 1 Cun nach frontal und okzipital (am LG) sowie beiderseits lateral von LG 20 = Pae Roe = Bai Hue.
Indikationen:	Kopfschmerz, Schwindel, Epilepsie, Apoplexie, psychische Erkrankungen.
Punktur:	3—5 Fen, horizontal, subkutan.
Kommentar:	Die Indikationen leiten sich von jenen ab, die für LG 20 = Pae Roe = „Hundert Reunionen", dem Reunionspunkt für das gesamte Yang, beschrieben werden.

LG 24 -1: **P. a. M. 2**	E Zhong, E Chung, Ngee Dschung. „Stirnmitte".
Lokalisation:	Auf der Medianlinie = LG, der Stirn, 1 Augencun oberhalb der Glabella = Yin Tang = Point de merveille (1 Augencun nennt man den Abstand vom medialen zum lateralen Orbitalrand).
Indikationen:	Sinusitis frontalis, Blepharitis, Vertigo — auch okulär bedingt, Erbrechen.
Kommentar:	LG 24 = Chenn Ting = „Tempel der Vorsehung", „Göttlicher Bezirk", gilt als Reunionspunkt mit dem Blasenmeridian. Seine Indikationen: Schwindel mit Sehstörungen, Brechreiz, Kopfschmerzen, Frontalneuralgien, abundante Rhinorrhö, Augenentzündungen, Schlafstörungen durch Angst bedingt.

LG 24 -2: **P. a. M. -3** **EXTRA -1** **Point curieux 29** **P. d. M.**	Yin Tang, Inn Trang = Point de merveille. „Stirnlinie, Weg, Spur, Fährte der Stirn". bei manchen Autoren (Dr. CHAMFRAULT) als LG 25 bezeichnet.
Lokalisation:	Mittelpunkt der Verbindungslinie der beiden medialen Augenbrauenenden = Glabella.
Indikationen:	Stirnkopfschmerz, Schwindel, Nasenerkrankungen, Augenerkrankungen, Krämpfe bei Kindern, Hypertonie.
Punktur:	schräg, 3—5 Fen.

Kommentar: Wie die vielfache Erwähnung dieses Punktes von der Tradition her bis zur modernsten chinesischen Literatur zeigt, ein sehr wichtiger Punkt. Er galt als Spezialpunkt gegen die Konvulsionen der Kinder, die mit Durchfällen einhergehen, wie als Punkt, dessen Stimulierung sofort eine behinderte Nasenatmung zu beheben imstande ist. Bei Kopfschmerzen der Stirngegend wurde seine Massage zwischen Daumen und Zeigefinger empfohlen. Mit B 2 bildet er das sogenannte „vordere magische Dreieck" mit seiner besonderen Wirksamkeit bei Sinusitis frontalis, mit LG 16 verwenden wir ihn zur „Längsdurchflutung" des Schädels und in der Schädelakupunktur ist er einer der Meßpunkte zur Bestimmung der wichtigsten Zonen. Dies ist jedoch nur ein Bruchteil dessen, was die Literatur über den YIN TANG zu bieten hat, da er außerdem in einer Zone gelegen ist, die seinen Namen trägt und die zu den wichtigsten „klinischen Zeichen" gehört, aus deren Zustand und Farbe man nach der traditionellen chinesischen Medizin diagnostische Rückschlüsse, die Funktion bestimmter Organe und auch der mit ihnen zusammenhängenden psychischen Veränderungen betreffend, ziehen kann.

LG 25 -: Shu Liao, Su Liao, Schu Liau, So Liou.
Point curieux 13   = Pi Tsim, „Nasenspitze".

Lokalisation: An der Nasenspitze.

Indikationen: alle Nasenaffektionen, Epistaxis, Rhinitis, erschwerte Nasenatmung, innere Nasenfurunkel, Schock.

Punktur: senkrecht, 2—3 Fen oder mit Dreikantnadel und bluten lassen.

Kommentar: Der in der neuen Literatur als LG 25 geführte Punkt entspricht bei BACHMANN und BISCHKO dem Punkt LG 24, bei anderen Autoren dem Punkt LG 27, wobei diese die Lokalisation etwas unter dem Ende des knöchernen Nasenskeletts angeben. Bei BISCHKO wird die Tonisierung des Punktes zur Anregung des Brechreizes erwähnt.

LG 25 -1: Shan Gen, Shan Ken, Schan Gen.
P. a. M. -4   „Fuß des Berges".
Point curieux 12   = Pi Tschu, „Nasenrücken".

Lokalisation: In der Mitte zwischen den beiden medialen Augenwinkeln am Nasenrücken.

Indikationen:	Kopfschmerzen, Vertigo, verschwommenes Sehen. bei Point curieux 12 — alle Nasenaffektionen.
Punktur:	schräg, 3—5 Fen. — nach Tsam Kao Ta Seng: Mit Dreikantnadel punktieren und bluten lassen.
Kommentar:	Der Punkt entspricht lt. „Nasenpunkte für die Therapie und Analgesie" sowie nach den „klinischen Zeichen" den Organen Leber und Milz.

LG 26 -1:
Point curieux 36

Ren Zhong, Jen Chung, Rann Tchong, auch Choe Kao Shuei ko, Schui Gou. „Wasserrinne".

Lokalisation: In der Mitte des Philtrums, zwischen Nase und Oberlippe (figuriert bei manchen Autoren als LG 28).

Indikationen: Schock, Kollaps, Ohnmacht, Hitzschlag, epileptische Krisen, Apoplexie, Fazialisparese, Spezialpunkt gegen Trismus, Gesichtsödem, Fötor ex ore, Diabetes, Ikterus.

Kommentar: Er ist ein Reunionspunkt mit dem Dickdarm und Magenmeridian und zugleich ein Punkt des LG. Dies erklärt seine Wirksamkeit bei den scheinbar so differenten Indikationen. Er gehört mit zu den sogenannten „Reanimationspunkten".

Di 20:
Point curieux 11

Nei Ing Siang „Innerer Ing Siang = Di 20".
„Innerer Empfang des Geruches, Duftes".

Lokalisation: Seine Lokalisation korrespondiert mit jener des Di 20.
Indikationen: „Brutale" Augenschmerzen.
Punktur: Mit Dreikantnadel, bluten lassen.

Di 20 -01:
Neupunkt 12

Bi Tong, Pi Tung, Bi Tung.
„Durchgängige Nase".

Lokalisation: In der Vertiefung, knapp unterhalb des knöchernen Anteiles der Nase, medio-kranial von Di 20.

Indikationen: Rhinitis, verstopfte Nase, innere Nasenfurunkel.

Punktur: 3—5 Fen nach medio-kranial. Man kann auch von Di 20 zu diesem Punkt durchstechen. Die beiden Nadeln bilden dann ein verkehrtes „V". (Das chin. Zeichen für 8).

Di 20 -02:
P. a. M. 15

Gia Pi, Chia Pi, Djia Bi.
„Beide Seiten der Nase", „Nasenklemme".

Lokalisation: An der seitlichen Nasenwand, an der Grenze des knöchernen zum knorpeligen Anteil.

Indikationen:	Rhinitis, auch allergisch oder atrophisch, innere Nasenfurunkel.
Punktur:	schräg, 2—3 Fen.

Di 20 -03:
	Shang Ying Xiang, Shang Ying Hsiang, Schang Ying Hiang.
P. a. M. -14	„Oberhalb von Di 20". (Di 20 = Ying Hiang.)
Lokalisation:	5 Fen unterhalb des inneren Augenwinkels.
Indikationen:	Rhinititis, auch allergica, Polyposis nasi, Sinusitis maxillaris et frontalis, Blepharitis.
Punktur:	schräg, 3—5 Fen.

Di 19 -01:
	Bi Liu, Pi Liu.
P. a. M. -16	„Nasenfluß".
Lokalisation:	Am Unterrand des Nasenloches, in der Mitte zwischen dem Septum nasi und dem Nasenflügelansatz.
Indikationen:	Rhinitis mit starker Rhinorrhö, verstopfte Nase, Hyp- und Anosmie.
Punktur:	schräg, 3—5 Fen.

Di 19 -02:
	San Xiao, San Hsiau, San Hiau.
P. a. M. -17	„Das geteilte-zweierlei Lachen".
Lokalisation:	Etwas lateral und distal von Di 20, auf der Nasolabialfalte, ca. in der Mitte zwischen Mundwinkel und Nasenflügelansatz.
Indikationen:	Akute Rhinitis, auch vasomotorica, Nasenfurunkel, Fazialisspasmus, Fazialisparese — daher der Name.
Punktur:	schräg, 3—5 Fen.
Kommentar:	zu Di 20 bis Di 19 -02: Die Indikationen sind unschwer von jenen der klassischen Punkte abzuleiten, besonders dann, wenn man die Verbindungen von Di 20 zum inneren Augenwinkel --B 1 und zu M 1 in Betracht zieht (M 1 nach chin. Tafel, bei BISCHKO M 4). Schon im Namen des Di 20 „Empfang des Geruches, des Duftes", spiegeln sich zumindest die das Geruchsorgan betreffenden Indikationen wider. Seine Wirkung auf Schleimhäute, Stoffwechsel, Ausscheidung — auch im Zusammenhang mit seinem gekoppelten Yin-Partner, dem Lungenmeridian (die Lunge regiert Haut und Körperbehaarung!) — sei kurz in Erinnerung gebracht.

Orbitalregion — Augenpunkte

(MING = Helle, Glanz, Licht)

G 14 -01: P. a. M. -5	Tou Guang *Ming*, Tou Kuang *Ming*. „Kopflicht".
Lokalisation:	Beim Blick geradeaus, senkrecht über der Pupille, am *oberen* Rand der Augenbrauenmitte.
Indikationen:	Myopie, Augenmuskellähmung, Blepharitis, Hemikranie.
Punktur:	schräg, 3—5 Fen.

G 14 -02: EXTRA 3 P. a. M. -6 Point curieux -8	Yu Yau, Yü Yau. „Lende, Flanke des Fisches".
Lokalisation:	Beim Blick geradeaus, senkrecht über der Pupille, am *unteren* Rand der Augenbrauenmitte.
Indikationen:	Augenerkrankungen, Augenmuskellähmung, Konjunktivitis, Blepharitis, Fazialisparese, Schmerzen supraorbital.
Punktur:	schräg, 3—5 Fen, auch horizontal subkutan bis 8 Fen.

G 14 -03: Neupunkt -8	Shang *Ming*, Schang Ming. „oberer Glanz".
Lokalisation:	In der Mitte der Augenbraue, am oberen Orbitalrand.
Indikationen:	Refraktionsanomalien.
Punktur:	entlang der knöchernen Orbita, nach medial abwärts, in Richtung zum Foramen N. optici.

G 14 -04: Neupunkt -9	Zeng *Ming 1*, Tseng Ming 1, Dseng Ming 1. „Vermehrter Glanz 1".
Lokalisation:	etwa 2 Fen *medial* von G 14 -03.
Indikationen:	Keratoleukom, Pannus, Hornhauttrübung, Myopie.
Punktur:	wie G 14 -03.

G 14 -05 Neupunkt 10	Zeng *Ming 2*. „Vermehrter Glanz 2".
Lokalisation:	etwa 2 Fen *lateral* von G 14 -03.
Indikationen:	wie G 14 -04.
Punktur:	wie G 14 -04.

G 1 -01:	Yu Wei, Yü Wee.
P. a. M. -7	„Fischschwanz".
Lokalisation:	1 Fen seitlich vom lateralen Orbitalrand oder 1 Cun lateral vom lateralen Augenwinkel.
Indikationen:	Augenerkrankungen, Fazialisparese, Hemikranie.
Punktur:	schräg, 3—5 Fen.
G 1 -02:	Wai *Ming,* Uai Ming.
Neupunkt 11	„Äußerer Glanz".
Lokalisation:	etwa 3 Fen oberhalb des äußeren Augenwinkels.
Indikationen:	Refraktionsanomalien.
Punktur:	entlang des Orbitalrandes in Richtung auf das Foramen N. optici, 1—1,5 Cun.
G 1 -03:	Jian *Ming 3,* Chien Ming 3, Djiän Ming 3.
Neupunkt 6	„Bessere Sicht, helleres Sehen 3".
Lokalisation:	3 Fen unter G 1 -01, an der Innenseite des lateralen Orbitalrandes.
Indikationen:	Schielen.
Punktur:	wie G 1 -02.
M 1 -01:	Jian *Ming 2,* Chien Ming 2, Djiän Ming 2.
Neupunkt 5	„Bessere Sicht 2".
Lokalisation:	ca. 5 Fen lateral von M 1 am unteren Orbitalrand, in der Mitte zwischen M 1 und M 1 -03.
Indikationen:	Hornhautulzerationen, Hornhauttrübung, Chorioiditis, Chorioretinitis, Nachtblindheit, Dakryozystitis.
Punktur:	wie G 1 -02.
M 1 -02:	Jian *Ming 1,* Chien Ming 1, Djiän Ming 1.
Neupunkt 4	„Bessere Sicht 1".
Lokalisation:	ca. 5 Fen medial von M 1, am inneren unteren Orbitalrand.
Indikationen:	Hornhautgeschwür, Pannus.
Punktur:	wie G 1 -02.
M 1 -03:	Qiu Hou, Chiou Hou, Tsiu Hou.
EXTRA 4	„Hinter der Kugel, (dem Bulbus)".
P. a. M. 8	

Lokalisation:	In der Mitte zwischen dem lateralen Viertel und den medialen ³/₄ des Infraorbitalrandes, zwischen diesem und dem Bulbus.
Indikationen:	Myopie, Optikusatrophie, Neuritis N. optici, Glaukom, Glaskörpertrübung, chronische Konjunktivitis.
Punktur:	Zuerst senkrecht. Nach Einführen der Nadel in die Augenhöhle, richte man sie leicht nach medial aufwärts, zum Foramen N. optici.

B 1 -01: Shang Jing *Ming,* Shang Ching Ming, Schang Dsing Ming.
Neupunkt 1 „Oberer Augenglanz".
Lokalisation: etwa 2 Fen oberhalb von B 1. (Ching Ming)
Indikationen: Tränenfluß bei Wind, Hornhauttrübung, Refraktionsanomalien.
Punktur: zuerst senkrecht einstechen, dann die Nadel entlang der Orbitalwand in Richtung des Foramen N. optici 1—1,5 Cun vorschieben.

B 1 -02: Xia Jing *Ming,* Hsia Ching Ming, Hia Dsing Ming.
Neupunkt 2 „Unterer Augenglanz".
Lokalisation: etwa 2 Fen unterhalb von B 1.
Indikationen: wie B 1 -01.
Punktur: wie B 1 -01.

B 1 -03: Jian *Ming,* Chien Ming, Djiän Ming.
Neupunkt 3 „Samtglanz des Auges".
Lokalisation: etwa 2 Fen kaudal und lateral von B 1 -02 entfernt, am inneren unteren Orbitalrand.
Indikationen: Katarakt, Optikusatrophie, Retinitis, Nachtblindheit, Schielen, Tränengangentzündung.
Punktur: wie B 1 -01.

B 1 -04: Jian *Ming 4,* Chien Ming 4, Djiän Ming 4.
Neupunkt 7 „Besseres, helleres Sehen 4".
Lokalisation: 3 Fen oberhalb von B 1 -01, am medialen, oberen Orbitalrand.
Indikationen: Myopie, Katarakt, Glaukom.
Punktur: wie B 1 -01, der Patient soll beim Stich nach unten blicken.

Kommentar: Wir empfehlen dringend, nur jene Punkte zu verwenden, die in üblicher Art punktiert werden können. So wie jeder verantwortungsbewußte Arzt eine retrobulbäre Injektion oder Infiltration besser dem Augenfacharzt überläßt, sollte, wenn überhaupt, nur ein in diesem Fach versierter Arzt diese Punkte in der angegebenen Manier verwenden. (Forensische Gründe — Kunstfehler — Haftpflicht!)
Bei der Auswahl der Bezugspunkte haben wir bewußt z. B. den 3 E 23 nicht miteinbezogen, um das neue Schema möglichst einfach zu halten. Wir glauben mit Recht, denn die Reunionszonen dieses Gebietes erlauben ein solches Vorgehen, ohne daß damit gegen die Regeln der klassischen Akupunktur verstoßen wird.

Hörpunkte

G 2 -01:	*Ting* Ling.
Neupunkt 14	„Besseres *Hören*".
Lokalisation:	Knapp oberhalb G 2.
Indikation:	Tinnitus, Taubheit, Taubstummheit.
Punktur:	senkrecht, 1—2 Cun, bei etwas geöffnetem Mund.

G 2 -02:	*Ting* Xue, *Ting* Hsueh, *Ting* Hüo.
Neupunkt 13	„*Hörpunkt*".
Lokalisation:	Im Mittelpunkt der Verbindungslinie G 2—Dü 19.
Indikationen:	Taubheit, Taubstummheit.
Punktur:	senkrecht, 1—2 Cun, bei etwas geöffnetem Mund.

G 2 -03:	*Ting* Cong, *Ting* Chung, *Ting* Tsung.
Neupunkt 15	„Feines *Gehör*".
Lokalisation:	2 Fen unterhalb von G 2.
Indikationen:	Taubheit, Taubstummheit.
Punktur:	senkrecht, 1—2 Cun.

G 2 -04:	*Ting* Min.
Neupunkt 16	„Scharfes *Gehör*".
Lokalisation:	An der Ohrläppchenwurzel = Ohrläppchenansatz.
Indikationen:	Taubheit, Taubstummheit.
Punktur:	senkrecht, 1—1,5 Cun.

3 E 21 -01:	Long Xue, Lung Hsueh, Lung Hüa.
P. a. M. 11	„Bewegter Punkt".
Lokalisation:	Vor dem oberen Anteil des Tragus, etwas unter 3 E 21.
Indikationen:	Taubheit.
Punktur:	senkrecht, 1—2 Cun.

G 20 -01:	Chi Qian, Chih Chien, Tsche Tsiän.
Neupunkt 22	„Hörpunkt 1" (Vor dem Teich).
Lokalisation:	5 Fen neben G 20, unter G 12.
Indikationen:	Taubheit.
Punktur:	schräg, 2—3 Fen, in Richtung 3 E 17.

3 E 16 -01: Neupunkt 23	Yi *Ming* Xia, Yi Ming Hsia, I Ming Hia. „Hörpunkt 2" („Verdeckte *Sicht*").
Lokalisation:	5 Fen unter 3 E 17 -02 = Yi Ming.
Indikationen:	Taubheit.
Punktur:	2 Cun, in Richtung 3 E 17.

3 E 16 -02: Neupunkt 24	Tian *Ting*, Tien Ting. „*Hörpunkt* 3" („Himmlisches *Hören*").
Lokalisation:	5 Fen unter G 20 -02 = An Mian 2.
Indikationen:	Taubheit.
Punktur:	senkrecht, 1—1,5 Cun.

3 E 17 -1: Neupunkt 20	Hou *Ting* Hui, Hou Ting Hue. „Weiterer hinterer *Hör*punkt".
Lokalisation:	5 Fen oberhalb 3 E 17, in einer Vertiefung.
Indikationen:	Tinnitus, Taubheit.
Punktur:	1—2 Cun, etwas nach vorne und nach unten.

3 E 18 -01: Neupunkt 19	Hou *Ting* Xue, Hou Ting Hsueh, Hou Ting Hüo. „Hinterer *Hör*punkt".
Lokalisation:	Am hinteren Hörmuschelansatz, in Höhe von 3 E 18.
Indikationen:	Taubheit.
Punktur:	5 Fen — 1 Cun, etwas nach vorne und unten.

3 E 18 -02: Neupunkt 18	Hou *Ting* Gong, Hou Ting Kung, Hou Ting Gung. „Hinterer *Hör*palast".
Lokalisation:	Wenn man die Ohrmuschel nach vorne zieht, etwas unterhalb der sich bildenden Falte. Etwa in der Höhe der Mitte zwischen 3 E 18 und 19.
Indikationen:	Taubheit.
Punktur:	5 Fen — 1 Cun, etwas nach vorne und unten.

3 E 19 -01: Neupunkt 21	Hou Cong, Hou Chung, Hou Tsung. „Rückwärtiger *Hör*punkt".
Lokalisation:	Ähnlich wie bei 3 E 18 -02 — wenn man die Ohrmuschel nach vorne zieht, etwas oberhalb der sich bildenden Falte. Der Höhe nach, etwas unter 3 E 19.
Indikationen:	Taubheit.
Punktur:	3—5 Fen, in Richtung zur Nasenrückenmitte.

Kommentar: Die Hörpunkte — zumeist „Ting" —, wurden aus didaktischen Gründen zusammengefaßt. Ihre Wirksamkeit ergibt sich einerseits aus ihrer regionalen Lokalisation, andererseits durch die Reunionen des 3 E mit dem Gallenblasenmeridian in dieser Gegend und als Chao Yang, wobei ein Seitenast des Gallenblasenmeridians hinter dem Ohr abzweigt und in das Gehörorgan eindringt, ebenso ein solcher des 3 E. Beide Äste vereinigen sich dann wieder am Canthus lateralis.

Von dieser empirischen traditionellen Annahme leiten sich die das Hörorgan betreffenden Indikationen unserer klassischen Bezugspunkte ab, wie Tinnitus, Hypakusis aber auch plötzlicher Hörsturz und Taubheit.

Die direkt auf der Ohrmuschel lokalisierten Punkte — 3 Punkte an ihrer Rückseite sowie 1 Punkt an der höchsten Erhebung des Helixrandes „Ohrspitze" — wurden nicht berücksichtigt, da sie in den Bereich der Aurikulodiagnostik und -therapie gehören.

Endorale Punkte

LG 28 -01: Neupunkt 35	Jia Nei, Chia Nei, Djia Nee. „Wange".
Lokalisation:	Auf der Wangenschleimhaut, dem 1. Molaren entsprechend.
Indikationen:	Taubheit.
Punktur:	5 Fen — 1 Cun, schräg zum Ohr.
Kommentar:	Wir haben uns entschlossen, die in der Mundhöhle gelegenen Punkte dem LG 28 = Yin Jiao = „Zahnfleischpunkt" „Kreuzung der Zahnfleischschleimhaut" zuzuordnen. Der obige Punkt liegt am Ausgang des Ductus paroticus. Daraus ergibt sich die Möglichkeit seiner Verwendung — außer der Indikation Taubheit — noch bei Sialodenitis, Sialodochitis, Sialolithiasis.

LG 28 -02: Point curieux 16	Hae Tsiuann, „Quelle des Meeres".
Lokalisation:	Unter der Zunge, aber mehr in der Mitte. Dort wo sich die „weißen" Venen befinden.
Indikation:	Großer Durst.
Punktur:	Mit der Dreikantnadel stechen und bluten lassen.

LG 28 -03: EXTRA 10 P. a. M. 20 Point curieux 15	Jin Jin, Chin Chin, Djin Djin. „Goldene Säfte" links. Yu Yi, Yu Yeh, Yü I. „Edle Flüssigkeit" rechts. Hier werden die Punkte als Kam Tsam = „Goldene Nadel" und Iou Yi = „Flüssige Jade" bezeichnet.
Lokalisation:	Auf den Venen, die auf der Zungenunterseite beiderseits des Frenulum linguae sichtbar sind.
Indikationen:	Ulzera der Zunge und des Mundes, Zungenschwellung, Zungengrundangina, „Mundschwamm", Übelkeit, Brechreiz, Sprachverlust.
Punktur:	leicht stechen, bis eine Blutung auftritt.
Kommentar:	LG 28 ist ein Reunionspunkt mit dem Konzeptionsgefäß und mit dem Magenmeridian. Die überregionalen Indikationen der Punkte an der Zungenunterseite z. B. Übelkeit, Brechreiz, großer Durst, ergeben sich aus dem tiefen Verlauf des MP-Meridians, der

in die Zungenwurzel eintritt. Da er mit dem Magenmeridian ein Paar bildet, ist die Verbindung zu LG 28 gegeben. So wird auch umgekehrt dessen Wirkung bei Ikterus oder die psychische bei Rührseligkeit-Weinerlichkeit verständlich.

G 1 -04: **EXTRA 2** **P. a. M. 9** Point curieux 17	Tai Yang, Tae Yang. „Höchstes, vollkommenes, unübertreffliches Yang", „Sonne".
Lokalisation:	a) In einer Vertiefung, 1 Cun posterior von der Mitte zwischen dem lateralen Ende der Augenbrauen und dem Canthus externus. b) 1 Cun lateral vom äußersten Ende der Augenbraue, in einer Vertiefung. c) In der Temporalregion, in der Mitte zwischen dem äußeren Ende der Augenbrauen und der temporalen Haargrenze (dort, wo bei einem Erhängten die Venen besonders hervortreten).
Indikationen:	Migräne, Kopfschmerzen besonders bei Frauen, Augenaffektionen, Fazialisparese, Trigeminusneuralgie, Zahnschmerzen.
Punktur:	senkrecht, 5—8 Fen, oder schräg abwärts 1—1,5 Cun, oder mit der Dreikantnadel und bluten lassen. Bei Migräne wird die Massage des Punktes mit einer Opiumsalbe empfohlen.
Kommentar:	Wir haben mit Absicht G 1 als Bezugspunkt gewählt, weil dieser Punkt außer seinem Namen Tung Dse Liau = Trong Tseu Liou „Augapfelgrube" auch *Tae Yang* genannt wird. G 1 ist ein Reunionspunkt mit dem Dünndarmmeridian *(Tae Yang* ist zugleich die Bezeichnung für das Meridianpaar Dünndarm und Blase als äußeres = großes Yang) und dem Meridian des dreifachen Erwärmers, der wieder mit dem Gallenblasenmeridian das Chao Yang, das „Scharnier" zwischen außen und innen = zwischen Tae Yang und Yang Ming (Dickdarm — Magenmeridian) bildet. Außerdem befindet sich der Punkt 3 E 23 in unmittelbarer Nachbarschaft, der sowohl ein Dispersionspunkt ist, als auch mit dem Gallenblasenmeridian reuniert. So erklärt sich die Wichtigkeit des Punktes G 1, der schon in der alten Literatur genauso herausgehoben wur-

de wie in der neuesten sowie seine Wirksamkeit und häufige Anwendung bei den obigen Indikationen.

KG 23 -1:	Shang Lian Quan, Shang Lien Chuan, Schang Liän Tsuän.
EXTRA 12	
P. a. M. 21	„Obere Quelle".
Lokalisation:	a) 1 Cun kranial vom Kehlkopf, oberhalb des Zungenbeines bei zurückgeneigtem Kopf.
	b) ca. 1 Cun unter der Kinnspitze — vom Unterrand der Mandibula aus bei gehobenem Kopf auf der Medianen gemessen.
Indikationen:	Hypersalivation, akute und chronische Pharyngitis, Stomatitis, Zungenaffektionen mit Schwellung, die zu erschwertem Sprechen führen, Stummheit.
Punktur:	1,5—2 Cun nach aufwärts, in Richtung Zungengrund.

KG 23 -01:	Hong Yin, Hung Yin.
P. a. M. 23	„Kräftige Stimme".
Lokalisation:	5 Fen lateral, beiderseits des Kehlkopfes.
Indikationen:	akute und chronische Laryngitis, Stummheit.
Punktur:	senkrecht, 3—5 Fen.

KG 23 -02:	Pang Liang Quan, Pang Lien Chuen, Pang Liän Tsuän.
P. a. M. 24	„Seitliche Quelle".
Lokalisation:	Auf einer Horizontalen durch KG 23, in der Mitte zwischen diesem Punkt und dem Vorderrand des M. sterocleidomastoideus.
Indikationen:	Zungenentzündung und Schwellung, Stummheit.
Punktur:	senkrecht, 1—1,5 Cun.

KG 23 -03:	links: Wai Jin Jin, Wai Chin Chin, Wai Djin Djin.
	rechts: Wai Yu Yi, Wai Yu Yen, Wai Yü I.
P. a. M. 22	links: „Äußere goldene Säfte".
	rechts: „Äußere flüssige Jade".
Lokalisation:	1 Cun kranial vom Kehlkopf, 3 Fen lateral beiderseits der Medianlinie (Neben KG 23 -1.)
Indikationen:	Hypersalivation, Stomatitis, Stummheit.
Punktur:	schräg, 1—2 Cun in Richtung Zungengrund.

M 9 -01:	Qian Yin, Chiang Yin, Tchiang Yin.
Neupunkt 31	„Stimmverstärkung".

Lokalisation:	2 Cun lateral vom Kehlkopf, dorso-kranial von M 9.
Indikationen:	Sprachverlust, Stummheit.
Punktur:	1,5 Cun, in Richtung Zungengrund.

M 9 -02:	Zeng *Yin,* Tseng Yin, Dseng Yin.
Neupunkt 32	„Stimmvermehrung".
Lokalisation:	In der Mitte einer Verbindungslinie zwischen Kehlkopf und Unterkieferwinkel, dorso-kranial von M 9.
Indikationen:	Stummheit.
Punktur:	1,5 Cun, in Richtung Pharynx (Cave: Art. carotis!).

M 9 -03:	Bian Tao, Pien Tao, Biän Tiau.
P. a. M. -26	„Mandel".
Lokalisation:	Unter dem Angulus mandibulae, vor der Halsschlagader.
Indikationen:	Angina tonsillaris.
Punktur:	senkrecht, 1—1,5 Cun.

M 10 -01:	Ya Xue, Ya Hsueh, Ya Hüo.
P. a. M. -25/1	„Stummer Punkt".
Lokalisation:	Es handelt sich um 2 Punkte mit derselben Indikation. M 10 -01 liegt dorso-kranial von M 10, der Höhe nach zwischen M 9 und M 10. Der 2. „stumme Punkt" ist auf dem Meridian der Gallenblase, knapp über G 20 zu finden. Er trägt in unserer Systematik daher die Bezeichnung G 20 -1.
Indikationen:	Stummheit, Zungenschwellung.
Punktur:	senkrecht, 1—1,5 Cun.
Kommentar:	Die Punkte, die um den Kehlkopf und in der anschließenden seitlichen Halsregion gelegen sind, leiten ihre Indikationen durchwegs von jenen der klassischen Akupunktur ab, die wir als Bezugspunkte gewählt haben. z. B.: M 10 = „Punkt der Redner und der Sänger" KG 23 = Hypersalivation, Pharingitis, Zungenaffektionen, erschwertes Sprechen, Stummheit.

M 12 -1:	Jingbi.
EXTRA 13	
Lokalisation:	Wenn der Kopf zur Seite gedreht wird, findet man den Punkt an der Grenze des medialen Drittels zu den lateralen ²/₃ der Klavikula, am lateralen Rand des klaviku-

	lären Ansatzes des M. sternocleidomastoideus. Ein Kissen unter den Hals des Patienten legen, um genügend Überstreckung zu erreichen.
Indikationen:	Taubes Gefühl und Schmerzen in den Armen und Händen, Parese der oberen Extremitäten.
Punktur:	senkrecht, 0,5—0,8 Cun. Cave: Pneumothorax! Daher die Nadel nach abwärts richten. Ein ausreichendes „Nadelgefühl" ist von diesem Punkt aus auch ohne tiefen Stich zu erreichen.
Kommentar:	Der Punkt scheint mit diesen Indikationen nur in „An outline of chinese acupuncture, Peking, 1975" auf. M 12 hat unter anderem die klassischen Indikationen: Schmerzen und Schwellung der Schulterregion, Beklemmungsgefühl auf der Brust, Atembeschwerden aber auch generalisiertes Ödem.

3 E 17 -01: EXTRA 8 Neupunkt 27	An Mian 1, An Mien 1. „Erster Sedativpunkt" (Ruhiger Schlaf 1).
Lokalisation:	Mittelpunkt einer Verbindungslinie zwischen 3 E 17 und 3 E 17 -02 = Yi Ming, der 1 Cun posterior des Punktes 3 E 17, an der Unterkante des Proc. mastoideus lokalisiert ist.
Indikationen:	Schlaflosigkeit, Migräne, Psychoneurosen, Schizophrenie.
Punktur:	senkrecht, 1,5—2 Cun.

G 20 -02: EXTRA 9 Neupunkt 28	An Mian 2, An Mien 2. „2. Sedativpunkt" („Ruhiger Schlaf 2").
Lokalisation:	a) In der Knochenrinne hinter dem Warzenfortsatz, zwischen diesem und der Hinterhauptschuppe. b) In der Mitte einer Verbindungslinie zwischen G 20 und 3 E 17 -02 = EXTRA 7 = Yi Ming.
Indikationen:	Unruhe, Schlaflosigkeit, Herzpalpitationen, Tachykardie, Extrasystolie, Schizophrenie.
Punktur:	senkrecht, 1—1,5 Cun.
Kommentar:	Die Punkte 3 E 17 -01 = An Mian 1 und G 20 -02 = An Mian 2, werden, besonders An Mian 2, zur Analgesie bei Oberbauchoperationen und auch zum Interkostalschnitt bei Lobektomien, meist auf der Seite des Operationsgebietes, zusammen mit anderen Analgesiepunkten des Körpers oder der Ohrmuschel verwendet. Hier

sei auch auf Versuche in Richtung einer Pharmaka-Akupunktur hingewiesen, wobei z. B. Sedadiva, Antineuralgika, Hypnotika usw. in Kleinstdosen an diese Punkte appliziert werden.
Gegen Neurasthenie wird die einseitige Punktur für Rechtshänder der linke Punkt und umgekehrt empfohlen.

G 20 -2:
P. a. M. -29
Lokalisation:

Indikationen:

Punktur:
Kommentar:

Xin Shi, Hsin Shi, Sin Sche.
„Neue Erkenntnis".
1,5 Cun seitlich des Unterrandes des Processus spinosus des 3. Halswirbels.
Nackensteife, Hinterkopfschmerzen, Schulter- und Rückenschmerzen, Okzipitalneuralgie, Migräne, Schmerzen beim Schlucken.
senkrecht, 5 Fen — 1 Cun.
Der Punkt wurde dem Gallenmeridian zugeordnet, weil er *auf* diesem gelegen ist. Sein Name „Neue Erkenntnis" dürfte jedoch damit zusammenhängen, daß neuere Untersuchungen eine kortikotrope Wirkung für diese Punkte nachgewiesen haben.
Der Punkt G 20, dem eher sympathikone Wirkung zugeschrieben wird, — er ist ein Reunionspunkt mit dem 3-E-Meridian und dem „Wundergefäß" Yang Oe — hat unter vielen anderen die Indikationen: Kopfneuralgien, zervikale Migräne oder überhaupt migränoide Zephalea, Epilepsie, Vertigo „Schwäche des Nervensystems", akute Nackenschmerzen, Tortikollis aber auch Hypakusis, Tinnitus.
3 E 17 ist ein Reunionspunkt mit dem Gallenblasenmeridian. Da der 3 E und der G-Meridian gemeinsam das Chao Yang bilden, sind viele Übereinstimmungen verständlich.

3 E 17 -02:
EXTRA 7
P. a. M. 13
Lokalisation:

Indikationen:

Punktur:

Yi *Ming*, I Ming.
„Erheller des Augenlichtes".

1 Cun posterior des 3 E 17, an der Unterkante des Processus mastoideus.
Myopie, Katarakt, Optikusatrophie, Nachtblindheit, Schlaflosigkeit, Parotitis, Tinnitus.
0,5—1 Cun, senkrecht oder schräg, entweder in Richtung Adamsapfel oder Nasenspitze.

Kommentar:	Der Punkt 3 E 17 ist ein Reunionspunkt mit dem Meridian der Gallenblase, der wieder als gekoppeltes Yin-Organ die Leber hat (in der Tradition regiert die Leber das Auge, besonders die Retina). Somit sind die Augenindikationen erklärt. Weiters wirkt dieser Punkt bei Tubenkatarrh, Tinnitus, Taubheit und neben anderen Indikationen wird ihm auch hormonelle Wirkung zugeschrieben.
3 E 17 -03: P. a. M. 28	Feng Yan, Feng Yen, Fung Yän. „Windfelsen".
Lokalisation:	5 Fen vor der Mitte einer Verbindungslinie zwischen Ohrläppchenunterrand und LG 16 = Fong Fou.
Indikationen:	Psychische Erkrankungen, Neurasthenie, Hysterie, Migräne sowie bei mangelhafter Entwicklung der Intelligenz.
Punktur:	senkrecht, 1,5—2 Cun.
Kommentar:	Der Punkt liegt in der Nähe eines anderen „Windpunktes" 3 E -17 = I Fong = „Unbehagen durch Wind", der mit dem Gallenblasenmeridian und zwar mit G 20 = Fong Tcheu = „Windteich" reuniert. Er hat also Indikationen, die wir von den beiden Punkten kennen, — vor allem — allgemeine Schwäche des Nervensystems.
3 E 18 -01: Neupunkt 26	Yan Chi, Yen Chih, Yän Tschee. „Felsenteich".
Lokalisation:	Am Schnittpunkt einer Horizontalen durch die höchste Erhebung des Processus mastoideus mit dem natürlichen Haaransatz (Lymphonoduli retro-auriculares).
Indikationen:	Glaukom.
Punktur:	senkrecht, oder etwas nach hinten, 1—2 Cun.
Kommentar:	siehe 3 E 17 -02 — Augenindikationen sowie lokoregional — Beeinflussungen von Lymphstauungen.
3 E 20 -01: Neupunkt 17	Shang Er Gen, Shang Erh Ken, Schang El Gen. „Obere Ohrwurzel".
Lokalisation:	Im Zentrum des oberen Ohrmuschelansatzes.
Indikationen:	Hemiplegie, Lateralsklerose, Hypertonie.
Punktur:	5 Fen, senkrecht nach unten.
Kommentar:	In der Schädelakupunktur entspricht dieser Punkt etwa dem untersten Anteil der Sensibilitätszone, jenem, der

für Sensibilitätsstörungen und Schmerzen im Schädelbereich zuständig ist.

3 E 20 = Ko Soun = „Winkel des Ohres" ist ein Reunionspunkt mit dem Gallenblasen- und Dünndarmmeridian mit den Indikationen: Kopfschmerzen, Konvulsionen, Epilepsie, Angstgefühl, Ohren-, Zahn- und Kieferschmerzen und Kontrakturen.

G 12 -01: Xing Fen, Hsing Fen, Hing Fen.
Neupunkt 29 „Wachpunkt", „Erregungspunkt".
Lokalisation: Dorso-kranial vom Processus mastoideus, 5 Fen über G 20 -02 = EXTRA 9 = „Sedativpunkt 2".
Indikationen: Schlafsucht.
Punktur: senkrecht, 1,5—2 Cun.
Kommentar: Der Bezugspunkt G 12 ist ein Reunionspunkt mit dem Dünndarm- und Blasenmeridian, also dem Tae Yang mit dem Chao Yang, mit sympathikotoner Wirkung, ähnlich wie G 20.

Dü 17 -02: Luo Jing, Luo Ching, Luo Djing.
P. a. M. 27 „Hals".
Lokalisation: Auf dem M. sternocleidomastoideus, an der Grenze zwischen oberem Drittel und unterem 2/3.
Indikationen: Nackenschmerzen.
Punktur: senkrecht, 1,5—2 Cun.
Kommentar: Dü 17 ist ein Reunionspunkt mit dem Meridian der Gallenblase. Von seinen Indikationen, Schulter- und Nackenschmerzen, Tortikollis, leiten sich jene des P. a. M. 27 ab.

B 10 -1: Bai Lao, Pai Lau, Bai Lau.
P. a. M. 30 „Hundertfache Arbeit".
Lokalisation: 2 Cun kranial und 1 Cun lateral von LG 14. Unter C 7 (bei anderen Autoren LG 13).
Indikationen: Bronchitis, Asthma bronchiale, Nackenschmerzen, auch posttraumatisch, Puerperalfieber.
Punktur: senkrecht, 5 Fen — 1 Cun.
Kommentar: Wir haben B 10 als Bezugspunkt gewählt, weil der Punkt auf dem Blasenmeridian, unter B 10 gelegen ist, obwohl der Name Pae Lao = „Hundert Mühen" bei BACHMANN

und BISCHKO für den Punkt LG 13 (als Lokalisation wird auf C 7 angegeben) verwendet wird.

B 10 = Tienn Tchu = „Himmelssäule" gilt als „Meer der Energie" des Blasenmeridians, dem vorwiegend vagotone Wirkung zugeschrieben wird. Die Punkte B 10 -1 und G 20 -2, beide in einer Höhe neben C 3 gelegen, werden wie aus der neuen Literatur ersichtlich, relativ häufig zur Steigerung der Abwehrkräfte im akuten Stadium von Erkrankungen eingesetzt.

Dü 16 -01:
Neupunkt 34
Jing Zhong, Ching Chung, Djing Dschung.
„Halsmitte".

Lokalisation: etwas dorso-kranial von Dü 16, am Hinterrand des M. sternocleidomastoideus.

Indikationen: Halbseitenlähmung.

Punktur: 2 Cun, senkrecht, oder schräg aufwärts.

Di 18 -1:
Neupunkt 33
Xia Fu Tu, Hsia Fu Tu, Hia Fu Tu.
„Paresepunkt" („Unter der seitlichen Vorwölbung".)
Di 18 = „seitliche Vorwölbung".

Lokalisation: 5 Fen kaudal von Di 18, in der Mitte zwischen Di 17 und D 18.

Indikationen: Lähmung der oberen Extremitäten, Tremor.

Punktur: 2—3 Fen, schräg nach oben.

Kommentar: zu Dü 16 -01 = „Halsmitte" und Di 18 -1 „Paresepunkt".
Beide Punkte haben ähnliche Indikationen. Es sei auf die Verwendung besonders des Di 18 -1 in der Neuraltherapie (Plexus cervicalis superficialis) verwiesen. Bei Dü 16 = Tienn Tchang = „Himmelsfenster" finden wir in der Überlieferung die Indikation: zerebraler Insult.

Dü 17 -01:
Neupunkt 30
Rong Hou, Jung Hou.
„Zahnpunkt".

Lokalisation: Knapp dorso-lateral von Dü 17 = Tian Rong = „Himmlische Figur" (Himmel-ähnlich gewölbte Mulde) 1,5 Cun unter 3 E 17.

Indikationen: Zahnschmerzen.

Punktur: senkrecht, 5 Fen — 1 Cun.

Kommentar: Besonders gegen Zahnschmerzen bei einem Prozeß im Bereich des Angulus mandibulae. (Lymphgefäße, Lymphknoten.)

Brust-Bauch-Region

KG 21 -01: P. a. M. -32	Chi Xue, Chih Hsueh, Tsche Hüo. „Roter Punkt".
Lokalisation:	1 Cun lateral von KG 21.
Indikationen:	Asthma bronchiale, Husten, Pleuritis, Interkostalneuralgie.
Punktur:	schräg, 5 Fen — 1 Cun.
Kommentar:	Die Indikationen von KG 21 — Krampfhusten mit Schmerzen und Beklemmungsgefühl, Atembeschwerden, die das Sprechen erschweren, Pleuralgien — decken sich mit den oben erwähnten.

MP 19 -01: P. a. M. -33	Tan Chuan, Tan Tschuan. „Sputum".
Lokalisation:	Knapp medial von MP 19, ca. 1,5 Cun lateral von M 16.
Indikationen:	Chronische Bronchitis, Emphysema pulmonum, Asthma bronchiale.
Punktur:	schräg, 5 Fen — 1 Cun.
Kommentar:	MP 19 „Brustbereich" hat die Indikationen: Völle und Beklemmungsgefühl auf der Brust und in den Flanken, Dyspnoe.

KG 16 -1: P. a. M. -34	Lung Han. „Drachenkiefer"
Lokalisation:	0,5 Cun kranial von KG 16.
Indikationen:	Magenschmerzen, Brustschmerzen.
Punktur:	schräg, 3—5 Fen.
Kommentar:	KG 16 hat die Indikationen: Dyspnoe, Pleuritis diaphragmatica, Beklemmungsgefühl auf der Brust, Übelkeit, Erbrechen, Milcherbrechen der Säuglinge, „Man kann keine festen Speisen schlucken" — also Ösophagusspasmen etc. Da der Punkt auf dem KG lokalisiert ist, war seine Bezeichnung als P. a. M. = Punkt außerhalb der Meridiane, nur bedingt richtig, nämlich dann, wenn man das KG zu den „Außergewöhnlichen Gefäßen" rechnet. Nach unserer Systematik erscheint KG 16 -1 korrekt, da der Punkt auf dem KG in der Nähe von KG 16 gelegen ist.

M 18 -01:	links: Zuo Yi, Dsuo I. „Linkes Wohlbefinden".
P. a. M. -35	rechts: Yuo Yi, Yu Yi. „Rechtes Wohlbefinden".
Lokalisation:	Die Punkte liegen 1 Cun lateral, sowohl vom linken als auch vom rechten M 18.
Indikationen:	Mastitis, Pleuritis, Interkostalneuralgie.
Punktur:	schräg, 5 Fen — 1 Cun.
Kommentar:	M 18 führt in der traditionellen Akupunktur Brustwarzenentzündung, Mastitis, Abszesse der Brust, die mit starken Schmerzen einhergegehen, aber auch Husten, Dyspnoe unter seinen Indikationen. Seine Verwendung bei Interkostalneuralgie ergibt sich je nach der Lokalisation dieser Erkrankung.

M 21 -01:	Shi — Cang, Shih Tsang, Sche Tsang.
P. a. M. -37	„Getreidespeicher".
Lokalisation:	3 Cun lateral von KG 12, neben M 21.
Indikationen:	Gastritis, Ulkuskrankheit, Dyspepsie, Appetitlosigkeit.
Punktur:	senkrecht, 1,5—2 Cun.
Kommentar:	M 21 = Leang Menn = „Eingang zum gastlichen Haus" = Cardia, hat die Indikationen: Appetitverlust — man will weder essen noch trinken, Verdauungsstörungen, Übelkeit, Durchfälle, wobei unverdaute Nahrungsbestandteile im Stuhl aufscheinen. Akute und chronische Gastritis, „Magenneurose" Ulcus ventriculi et duodeni.

KG 12 -01:	Mei Hua, Mee Huo.
P. a. M. -36	„Pflaumenblüte".
Lokalisation: • • • = KG 12 • •	Insgesamt 5 Punkte quadratisch um KG 12 als Mittelpunkt angeordnet, 0,5 Cun lateral rechts und links der Medianlinie sowie oberhalb und unterhalb von KG 12.
Indikationen:	Gastritis, Ulkuskrankheit, Dyspepsie, Appetitlosigkeit.
Punktur:	senkrecht, 1,5—2 Cun.
Kommentar:	Als „Pflaumenblüte" wird ein Hämmerchen bezeichnet, das mit feinen Nadeln bestückt ist und zur Reizung von Hautzonen durch Beklopfen dient. Wir haben KG 12 als Bezugspunkt gewählt, weil KG 12 das Zentrum dieser Punktekombination darstellt und als „Meisterpunkt" des Magens und als mittlerer — digestiver — Alarmpunkt der 3 Erwärmer dieselben Indikationen aufweist.

M 22 -01:	Shi Guan, Shi Kuan, Sche Guan.
P. a. M. -38	„Barriere der Speisen".
Lokalisation:	1 Cun lateral von KG 11.
Indikationen:	Gastritis, Verdauungsstörungen, Enterokolitis.
Punktur:	senkrecht, 1,5—2 Cun.
Kommentar:	M 22 = Koann Menn = „Verschlossene Pforte" hat die Indikationen: Appetitverlust, Bauchschmerzen besonders um die Nabelgegend, Völlegefühl im Abdomen, Durchfälle, Meteorismus.

KG 9 -1:	Shui Shang, Schue Schang.
Neupunkt 36	„Über dem Wasser", „Über der Flüssigkeit".
Lokalisation:	5 Fen oberhalb KG 9 (Jenn Mo 9, Ren 9).
Indikationen:	Hyperazididät.
Punktur:	senkrecht, 1,5—2 Cun.
Kommentar:	Der Name des Punktes rührt davon her, daß man in der Tradition annahm, daß die Trennung der flüssigen von den festen Nahrungsbestandteilen in Höhe des M 25, also in Höhe von KG 8 erfolge. KG 9 = Choe Penn, heißt in der Übersetzung etwa Aufteilung der Flüssigkeit. Der Punkt gilt als wirksam gegen chronische Magen-Darm-Leiden, die mit Krämpfen einhergehen, gegen Blähungen und er gilt als einer der Spezialpunkte gegen Aszites.

MP 15 -1:	Wei Le, Uee Lö, als EXTRA 14: Weishang.
EXTRA 14	„Magenfreude".
Neupunkt 37	
Lokalisation:	a) 2 Fen oberhalb und 4 Cun lateral von KG 9, das entspricht etwa dem Mittelpunkt zwischen MP 15 und MP 16. b) als EXTRA 14: 2 Cun oberhalb des Nabels und 4 Cun lateral von der Medianlinie.
Indikationen:	Gastralgien, Gastroptose.
Punktur:	1—1,5 Cun senkrecht, oder 1,5—2 Cun horizontal nach abwärts in Richtung Nabel, subkutan. Oder 5—15 Minuten mit Moxastäbchen behandeln.
Kommentar:	Sowohl MP 15 als auch MP 16 haben die Indikationen: Bauchschmerzen, Dyspepsie, Meteorismus, Obstipation, aber auch Diarrhö — Fermententgleisung. Sie sind Reunionspunkte mit dem Yin Oe.

N 16 -01: Hun She, Hun Schö.
P. a. M. 39 „Haus der Seele".
Lokalisation: 1 Cun lateral von KG 8 (Nabelhöhe).
Indikationen: Dysenterie, Enterokolitis, Verdauungsstörungen.
Punktur: senkrecht, 1,5—2 Cun.
Kommentar: N 16 = Roang Iu = „Zustimmungspunkt für die geheimsten Winkel der Eingeweide", damit ist das Relief der Darmschleimhaut gemeint, ist ein Reunionspunkt mit dem Tschong Mo und hat die Indikationen: Magenkrämpfe, Läsionen der Eingeweide, schneidende Bauchschmerzen, Blähungen mit Darmkollern, Dysenterie, Ikterus.

MP 15 -01: Heng Wen, Heng Uen.
P. a. M. 40 „Querfalten".
Lokalisation: 5 Fen medial von MP 15.
Indikationen: Allgemeine Adynamie, starkes Schwitzen.
Punktur: Der Punkt wird meist mit Kao = Moxibustion behandelt. Siehe MP 15 -1.

M 26 -01: Qi Zhong, Chi Chung, Tsi Dschung.
P. a. M. 41 „Energiezentrum".
Lokalisation: 1,5 Cun lateral von KG 6 = Tsri Hae = „Meer der Energie". Etwas medial und distal von M 26.
Indikationen: Bauchschmerzen, Meteorismus, Darmkollern, Anämie.
Punktur: senkrecht, 1,5—2 Cun.
Kommentar: Wir haben M 26 als Bezugspunkt aufgrund der Topographie gewählt, obwohl der Name des Punktes mehr zu KG 6 Beziehung hat. Die Indikationen des Punktes finden wir sowohl bei M 26 als auch bei KG 6. Die Wirkung gegen Anämie allerdings nur bei KG 6.

MP 14 -01: Jing Zhong, Ching Chung, Djing Dschung.
P. a. M. 42 „Meridianmitte", „Zwischen den Meridianen".
Lokalisation: 3 Cun lateral von KG 6, zwischen dem Magen- und MP-Meridian.
Indikationen: Harn und Stuhlverhaltung, unregelmäßige Menstruation, Enterokolitis, Peritonitis.

Punktur:	senkrecht, 1,5—2 Cun.
Kommentar:	MP 14 = Fou Tchi = „Knoten, Naht des Leibes", hat als Reunionspunkt mit dem Yin Oe ähnliche Indikationen.
N 14 -01: **P. a. M. 43**	Wai Si Man, Wai Szu Man, Uai Se Man. „Äußere 4fache Fülle".
Lokalisation:	1 Cun lateral von KG 5.
Indikationen:	Mensesunregelmäßigkeiten.
Punktur:	Meist Moxibustion.
Kommentar:	N 14 ist ein Reunionspunkt mit dem Tchong Mo. Seine gynäkologischen Indikationen sind: Menstruationsirregularität, Schmerzen, die durch das „Blut" bedingt sind — sowohl zirkulatorisch hyperämisch, als auch hypostatisch anämisch.
KG 5 -1: **P. a. M. 45**	Jue Jun, Chueh Yin, Djüä Jüin. „Unfruchtbarkeit".
Lokalisation:	3 Fen unter KG 5.
Indikationen:	Sterilität der Frau, Durchfälle bei Kindern.
Punktur:	Meist Moxibustion.
Kommentar:	KG 5 = Che Menn = „Steintor" wird auch „Pforte des Lebens" oder „Hymne des Elexiers des langen Lebens, der Unsterblichkeit" genannt. Damit ist das Fortleben in den Nachkommen gemeint. Der Punkt ist der Hauptalarmpunkt des 3-E-Meridians.
N 13 -01: **P. a. M. 45**	Yi Ying, Yi Ching, I Djing. „Samenfluß".
Lokalisation:	1 Cun lateral von KG 4.
Indikationen:	Impotenz, Ejaculatio praecox, Skrotalekzem.
Punktur:	senkrecht, 1,5—2 Cun.
Kommentar:	N 13 Tsri Yue = „Loch der Energie", weil dort die gesamte vitale Energie sich sammelt, wird auch „Tor der Mutterschaft = des Uterus" oder „Pforte der Kinder" genannt, woraus sich beim Mann die obigen Indikationen ableiten.
M 28 -01: **P. a. M. 46**	Qui Men, Chi Men, Tsi Men. „Energietor".
Lokalisation:	3 Cun lateral von KG 4.

Indikationen: Sterilität der Frau, Menorrhagie, Orchitis, Zystitis.
Punktur: senkrecht, 1,5—2 Cun.
Kommentar: Die obigen Indikationen finden wir, wie es fast bei allen dieser sogenannten Neupunkte und P. a. M. der Fall ist, wortwörtlich bei den klassischen Akupunkturpunkten, die wir als Bezugspunkte anführen, so auch bei M 28.

MP 13 -1: Ti Tuo.
Neupunkt 39 „Tragen".
Lokalisation: 4 Cun lateral von KG 4, ca. in der Mitte zwischen MP 13 und MP 14, auf dem MP-Meridian.
Indikationen: Unterbauchschmerzen, Koliken, Deszensus oder Prolapsus uteri, Hernia scrotalis.
Punktur: senkrecht, 8 Fen — 1 Cun.
Kommentar: MP 13 ist ein Reunionspunkt mit dem Lebermeridian und dem Yin Oe. Daraus ergibt sich seine Wirkung gegen die Bindegewebsschwäche, aber auch gegen Unterbauchschmerzen und Koliken.

G 27 -01: Wei Bao, Wei Pao, Uee Bau.
EXTRA 15 „Uterusschutz", „Hülle des Uterus".
P. a. M. 47
Lokalisation: a) 6 Cun lateral von KG 4, etwas medial von G 27.
b) Der Punkt EXTRA 15 führt in „An outline of chinese acupuncture", Peking 1975, den Namen Weibo. Seine Lokalisation wird jedoch 4 Cun lateral von KG 4 angegeben. Dies entspräche jener des vorigen Punktes: M 13 -1.
Indikationen: Deszensus, Prolapsus uteri.
Punktur: schräg, 2—3 Cun, in Richtung zur Leistenbeuge. Das „Nadelgefühl" soll in den Unterbauch und zu den Genitalien hin ausstrahlen.
Kommentar: G 27 = Wou Chu = „5 Scharniere", ist ein Punkt des „Wundergefäßes" Tae Mo, dessen Wirkung besonders auf das kleine Becken und dessen Organe bekannt ist. Außerdem sei nochmals auf den Einfluß des Gallenblasenmeridians auf die Muskulatur erinnert.

KG 4 -1: Zhi Xue, Chih Hsieh, Dsche Siä.
Neupunkt 38 „Diarrhöpunkt".
Lokalisation: 2,5 Cun unter dem Nabel, auf dem KG.

Indikationen:	Dysenterie, Enterokolitis.
Punktur:	senkrecht, 1,5—2 Cun.
Kommentar:	KG 4 hat, den Verdauungsapparat betreffend, die klassischen Indikationen: Schmerzen unterhalb und um den Nabel. Der Patient hat das Gefühl „als ob ein Spanferkel in seinem Unterbauch herumfuhrwerken würde". Alle Arten von Durchfälle.

M 29 -01:	Chang Yi, Tschang I.
P. a. M. 48	„Darmfluß".
Lokalisation:	2,5 Cun lateral von KG 3.
Indikationen:	Adnexitis, Oophoritis, Fluor jeglicher Genese, unregelmäßige Menstruation, Penisschmerzen, Orchitis, Obstipation.
Punktur:	senkrecht, 1,5—2 Cun.

M 29 -02:	Zi Gong, Tsu Kung, Dse Gung.
EXTRA 16	Als EXTRA 16: Abdomen Zigong, als Point curieux 10: Tsi Kong.
P. a. M. 49	„Uterus".
Point curieux 10	„Palast der Mädchen".
Lokalisation:	3 Cun lateral von KG 3.
Indikationen:	Prolapsus uteri, Menstruationsunregelmäßigkeiten, Endo- und Parametritis, Sterilität der Frau. Als EXTRA 16: gynäkologische Erkrankungen. Als Point curieux 10: Dieser Punkt regiert den Uterus, man muß ihn gegen alle gynäkologischen Affektionen verwenden, ebenso wie gegen die weibliche Sterilität.
Punktur:	senkrecht, 1,5—2 Cun. Als EXTRA 16: schräg 1,5—3 Cun oder senkrecht 1 bis 1,5 Cun. Als Point curieux 10: 0,2 Cun, Moxa.
Kommentar:	Der Punkt M 29 gilt in der Tradition als Spezialpunkt für die Genitalregion. Seine Indikationen umfassen daher alle Affektionen des weiblichen Genitales, aber auch Penisschmerzen, Entzündungen des Skrotums, der Hoden etc. sowie Hernien aller Art. Die überlieferten Angaben sehen sowohl eine Stichtiefe von 0,5—0,8 Cun vor, als auch die Moxibustion dieses Punktes. Interessant in diesem Zusammenhang ist, daß nach der Überlieferung die Punkte des Magenmeridians am tiefsten von allen Meridianen punktiert werden sollten.

N 11 -1: Ting Tou.
P. a. M. 50 „Uteruskopf" (Fundus uteri).
Lokalisation: Zwischen N 11 und N 12, 5 Fen distal von N 12.
Indikation: Prolapsus uteri.
Punktur: senkrecht, 1,5—2 Cun.
Kommentar: N 11 ist ein Reunionspunkt mit dem „Wundergefäß" Tchong Mo, dessen Zusammenhang mit dem inneren weiblichen Genitale schon im Ling-shu beschrieben wird. Dieses Gefäß hat enge Verbindungen sowohl zum LG und KG sowie zum Tae Mo, als auch zum Magenmeridian über M 30, und zum Nierenmeridian über die Punkte N 11—N 21.

G 28 -01: Shu Xi, Shu Hsi, Schu Hi.
Neupunkt 41 „Inguinalpunkt".
Lokalisation: In der Inguinalfurche, an der Grenze des äußeren Drittels, zwischen MP 13 und G 28.
Indikationen: Kraftlosigkeit im Bein, man kann es nicht heben.
Punktur: senkrecht, 2—3 Cun.
Kommentar: Der Bezugspunkt G 28 ist ein Reunionspunkt des „Wundergefäßes" Tae Mo mit dem Yang Tsiao Mo. Seine Indikationen sind Schmerzen im Oberschenkel, vorwiegend rheumatischer Genese sowie Schmerzen in der Nierenregion, die über die Leistengegend in den Unterbauch ausstrahlen.

MP 12 -01 Chong Jian, Chung Chien, Tschung Djiän.
Neupunkt 40 „Prolapspunkt".
Lokalisation: 3 Cun lateral von KG 2 = Jenn Mo 2 = Ren 2, zwischen M 30 und MP 12.
Indikationen: Prolapsus uteri.
Punktur: senkrecht, 1—2 Cun.
Kommentar: Die Indikation ergibt sich zwanglos aus seiner Lokalisation sowie aus der Wirkung des MP-Meridians allgemein bei Schwäche des Bindegewebes.

Rücken-Lenden-Region

LG 14 -1:
P. a. M. 31
Lokalisation:
Indikationen:

Chong Gu, Chung Gu, Tschung Gu.
„Hoher Knochen".
etwas distal vom Processus spinosus des 6. HWK.
Influenza, Malaria, Tbc pulmonum, Bronchitis, Schmerzen im Nacken und Schulterbereich, Epilepsie. Die Punktur des Punktes fördert das Erbrechen.

Punktur: schräg, 5 Fen — 1 Cun aufwärts.

LG 14 -01:
Neupunkt 45
EXTRA 17
Lokalisation:

Ding Chuan, Ting Chuan, Ding Tschuan.
„Asthmapunkt".

5 Fen lateral von LG 14 (LG 14 liegt zwischen C 7 und Th. 1, bei anderen Autoren gilt diese Lokalisation für LG 13).

Indikationen: Asthma bronchiale, Bronchitis, Tbc pulmonum, Lähmung der oberen Extremitäten.

Punktur: senkrecht, 1 Cun (meist wird die Nadel etwas nach aufwärts, in Richtung Nacken geführt). Stichrichtung nach medial wird ebenfalls in der modernen Literatur angegeben.

LG 14 -02:

Neupunkt 44
Lokalisation:
Indikationen:
Punktur:

Qi Jing Zhui Pang, Chi Ching Chui Pang, Tsi Dsing Dschuee Pang.
„Halspunkt".
5 Fen lateral vom Proc. spinosus des 7. HW.
akute und chronische Tonsilitis, Laryngitis.
senkrecht, 5 Fen — 1 Cun.

LG 14 -03:
P. a. M. 51
Lokalisation:
Indikationen:

Chuan Xi, Chuan Shi, Tschuan Si.
„Hustenstillend".
1 Cun lateral von LG 14.
Bronchitis, Hustenreiz, — auch allergischer Genese, allergische Hauterkrankungen.

Punktur: schräg, aufwärts, 5 Fen — 1 Cun.

LG 14 -04:
Neupunkt 46
Lokalisation:

Wai Ding Chuan, Wai Ting Chuan, Wai Ding Tschuan.
„Äußerer Asthmapunkt".
1,5 Cun lateral vom Proc. spinosus des 7. HW.

Indikationen: Asthma bronchiale, chronische Bronchitis.
Punktur: schräg, aufwärts, 5 Fen — 1 Cun.

LG 14 -05: Liu Jing Zhui Pang, Liu Ching Chui Pang, Liu Sing Dschuee Pang.
„Nasenpunkt".
Lokalisation: 5 Fen lateral vom Proc. spinosus des 6. HW.
Indikationen: Entzündungen der Nasenschleimhaut, Hyposmie.
Punktur: senkrecht, 5 Fen — 1 Cun.
Kommentar: Da in der Literatur bei einigen Punkten, so auch bei LG 14, keine einhellige Auffassung bezüglich der Numerierung und Benennung herrscht, raten wir, die genaue anatomische Lokalisation zur Grundlage zu nehmen.
Der von uns mit LG 14 bezeichnete Bezugspunkt, um den sich die Neupunkte und P. a. M. gruppieren, liegt unter dem Proc. spinosus von C 7, also zwischen C 7 und Th. 1, auf der Medianlinie, auf dem LG = Tou Mo = Du.
Er wird sowohl als Ta Toui = Da Zhui = „Großer Wirbel", als auch als LG 13 mit dem Namen Pae Lao = „Hundert Mühen, hundertfache Arbeit" in ähnlicher Lokalisation z. B. bei BACHMANN und BISCHKO angegeben.
Wichtiger als diese äußerlichen Differenzen ist die Bedeutung des Punktes:
Er gilt als Haupttreunionspunkt aller Yang-Meridiane, von ihm aus kann die Yang-Energie dispergiert werden. Daher seine umfassende Wirkung, von der sich die Indikationen der Neupunkte und P. a. M. ableiten. Interessant dabei ist, daß er nach neueren Untersuchungen zu den sogenannten „kortikotropen Punkten" gerechnet wird, wodurch die traditionelle Empirie ihre Bestätigung findet.

Dü 15 -1: Xue Ya Dian, Hsueh Ya Tien, Hüo Ya Diän.
Neupunkt 43 „Blutdruckpunkt".
Lokalisation: Knapp oberhalb von Dü 15, auf dem Dü-Meridian, oder 2 Cun lateral vom Processus spinosus des 6. HW.
Indikationen: Hypertonie, Hypotonie.
Punktur: senkrecht, 5 Fen — 1 Cun.
Kommentar: Die Zone um diesen Punkt wird häufig massiert, um eine entspannende Wirkung bei Ermüdung, beim Überforde-

rungssyndrom etc. zu erreichen, aber auch beim Leistungssportler vor dem Start, um einen kombinierten Effekt — psychische Entspannung/Konzentrationssteigerung — zu erzielen. Diese erklärt am besten die eutonisierende Wirkung des Punktes bei der RR-Labilität.

3 E 15 -01:	Jie He Xue, Chieh He Hsueh, Djiä Ho Hüo.
Neupunkt 47	„Tbc-Punkt".
Lokalisation:	Knapp medial von 3 E 15 oder 3,5 Cun lateral vom Proc. spinosus des 7. HW.
Indikationen:	Lungentuberkulose und andere tuberkulöse Erkrankungen.
Punktur:	senkrecht, 5—8 Fen.
Kommentar:	3 E 15 ist ein Reunionspunkt mit dem „Wundergefäß" Yang Oe. Wir kennen ihn auch nach DE LA FUYE und BISCHKO als sogenannten „Hygrometrischen Punkt", Punkt der Wetterfühligkeit.

Dü 15 -01:	Bai Zhong Feng, Pai Chung Feng, Bai Dschung Fung.
P. a. M. 52	„Die hunderterlei Winde, hundert Arten der Winde".
Lokalisation:	Etwas lateral von Dü 15, 2,5 Cun lateral von LG 14.
Indikationen:	Apoplexie, Urtikaria.
Punktur:	senkrecht, 5 Fen — 1 Cun.
Kommentar:	Zahlreiche Punkte, meist in der Nackengegend lokalisiert, werden als „Windpunkte" bezeichnet, weil in ihrem Namen der Wind = Fong oder Feng oder Fung aufscheint. Man kann daraus erkennen, wie wichtig äußere klimatische Einflüsse für die Entstehung einer Krankheit angesehen wurden. Gleichzeitig kam es jedoch zu vielen irreführenden Fehlinterpretationen, da der Begriff „Wind" wesentlich weiter gefaßt werden muß, um sinngemäß das Zutreffende auszudrücken. Man muß die Art des Windes in Betracht ziehen. Es kann sich also um einen Sturm handeln, damit ist eine plötzlich einsetzende schwere Erkrankung gemeint, genauso wie um einen Südwind im Dezember, der in unseren Breiten ungewöhnlich, zum vermehrten Auftreten bestimmter Erkrankungen führt. Die primitivste Form ist die Zugluft, bei mangelnder Abwehr = Oe-Energie, an einem „Windpunkt" eintreten und z. B. zu einer Okzipitalneuralgie führen kann.

Wird nun rechtzeitig behandelt, bleibt die pathogene Energie „Wind" in einem lokalen, oberflächlichen Bereich. Ohne entsprechende Therapie und bei mangelhafter Abwehrkraft des Organismus, kann die Erkrankung sich ausbreiten und zu ernsten Störungen innerer Organe und des Allgemeinzustandes führen.

B 13 -01: ⎫ Zhu Ce, Chu Che, Dschu Tsö. „Seitlich der Säule".
P. a. M. 56 bis ⎬ gelten als EXTRA 21 = Huatuojiaji.
B 23 -01: ⎭ Shen Ji, Shen Chi, Schen Dsi.
Neupunkt 56   „Nierenrücken".
Point curieux 9 = Iao Jenn, „Knospe der Nierenregion" auch „Augapfel des Teufels".

Lokalisation: Die Punkte liegen an beiden Seiten der Wirbelsäule ca. 0,5 Cun neben der Medianen, von C 1—S 4.
Als spezielle Huatuojiaji gelten insgesamt 28 Punkte, je 14 links und rechts der Wirbelsäule.
Die Punkte der Halsregion und Lumbalregion sind bei den speziellen Huatuojiaji *nicht* inkludiert.

Indikationen: (Nach „An outline of chinese acupuncture 1975"). Im wesentlichen allgemeine Indikationen, ähnlich jenen der Punkte des Blasenmeridians in dieser Gegend. Also nützlich zur Behandlung innerer Organe, wenn man die Punkte stimuliert.
Wenn eine pathologische Veränderung in einem Organ auftritt, erscheint der entsprechende Punkt empfindlich. An diesen Punkten können dann gute Resultate erzielt werden.
Auch zur Behandlung von Rückenmarksleiden, z. B. Myelitis, geeignet.

Punktur: An der LWS, 1,5—2 Cun, leicht schräg in Richtung der Wirbelsäule.
An der BWS und HWS nur 1—1,5 Cun. Es soll ein lokales „Dehnungsgefühl" auftreten.

Kommentar: Die Huatuojiaji umfassen als EXTRA 21 bzw. P. a. M. 85 den P. a. M. 56 sowie die „Neu-Punkte" 48, 49, 51, 52 und 56, der auch als Point curieux 9 beschrieben wurde.
P. a. M. 56 = Zhu Ce = „seitlich der Säule" = B 13 -01.
Neu-Punkt 48 = Wei Re Xue = „Magenwärme" = B 14 -01.
Neu-Punkt 49 = Zhong Chuan = „Mitllerer Asthmapunkt" = B 15 -01.
Neu-Punkt 51 = Pi Je Xue = „Milzwärme" = B 16 -01.

Neu-Punkt 52 = Shen Re Xue = „Nierenwärme" = B 17 -01.
Neu-Punkt 56 = Shen Ji = „Nierenrücken" = B 23 01.
Die vorgenannten Punkte wurden von uns zusammengefaßt, wie dies auch in der neuesten Literatur geschieht. Ihre Benennung stammt von dem „Gottähnlichen Arzt" HUA TUO, der etwa um 200 n. Chr. lebte und der bereits damals die Analgesie mittels Akupunktur kannte. Er nannte das „Nadelgefühl" die „erstarrenmachende, siedende Kraft".
Der Japaner KEN SAVADA († 1961), bezeichnete diese Punkte als „innere Blasenlinie" und empfahl sie mit denselben Indikationen wie sie die Punkte des Blasenmeridians je nach Lokalisation haben, jedoch bei akuten Krankheitszuständen und besonders für die Behandlung von Kindern unter 6 Jahren.
Auch Dr. HO PU YEN wies in einer mündlichen Mitteilung darauf hin, die inneren Punkte eher für akute Zustände, die äußeren für chronische Leiden zu verwenden.

Dü 9 -01:
Neu-Punkt 50
Lokalisation:

Jian Tong Dian, Chien Tung Tien, Djiän Tung Diän. „Schulterschmerzpunkt".

etwas distal und medial von Dü 9, am Mittelpunkt des Margo lateralis scapulae.

Indikationen: Schulterschmerz, Lähmung der oberen Extremitäten.

Punktur: senkrecht, 5—8 Fen.

Kommentar: Dü 9 = Tsienn Tchenn = „Keusche Schulter", bekannt für alle Schulter-Arm-Schmerzen als „Schürzenbandpunkt" d. h. man kann den Arm nicht nach hinten heben, um sich das Schürzenband zu knoten.

Dü 14 -01:
P. a. M. 54
Lokalisation:

Ju Jue, Chu Chueh, Djü Djüä. „Tiefe Empfindung".

Knapp lateral von Dü 14, zugleich etwas oberhalb von Dü 13 oder etwas medial und distal vom Angulus scapulae cranialis.

Indikationen: Schulterblattschmerzen, Hysterie.

Punktur: schräg, 5 Fen — 1 Cun.

Kommentar: Dü 14 = Tsienn Oae Iu = „Zustimmungspunkt für die äußere Schultergegend" — wovon sich die regionale Indikation ableitet. Die psychische hingegen hängt mit der Stellung des Dü innerhalb der Lehre von den Wandlungsphasen = 5-Elementen-Gesetz ab. Hier werden ihm Emotionen zugeschrieben, die man am besten mit „Himmelhoch jauchzend — zu Tode betrübt" umschreiben könnte.

LG 12 -1:	Wu Ming, U Ming.
P. a. M. 55	„Ohne Namen".
EXTRA 18	
Lokalisation:	In der Vertiefung unterhalb des Proc. spinosus des 2. BW., Genick beugen lassen.
Indikationen:	Psychische Erkrankungen, manische Zustände.
Punktur:	schräg, aufwärts, 5 Fen — 1 Cun.
LG 12 -2:	Ju Jue Yu, Chu Chueh Shu, Djü Dschüo Yü.
P. a. M. 57	„Zustimmungspunkt".
Lokalisation:	In der Vertiefung unterhalb des Proc. spinosus des 4. BW.
Indikationen:	Neurasthenie, asthmoide Bronchitis, Herzbeschwerden, Interkostalneuralgie.
Punktur:	schräg, aufwärts, 5 Fen — 1 Cun.
Kommentar zu LG 12 -1 und -2:	LG 12 = Chenn Tchu = Shen Chu = „Säule des Körpers", unser Bezugspunkt, liegt unter dem Proc. spinosus des 3. BW. Seine traditionellen Indikationen — Nervöse Asthenie, Geisteskrankheiten, Visionen, Konvulsionen, Suizidtendenz, aber auch Bronchitis, Rücken- und Wirbelsäulenschmerzen — zeigen, daß sie ohne wesentliche Änderung einfach für die P. a. M. übernommen wurden.
B 16 -1:	Liang Yan, Liang Yen, Liang Yän.
P. a. M. 58	„Maß des Auges".
Lokalisation:	Auf dem Blasenmeridian, in der Mitte zwischen B 15 und B 16 lateral des 6. Brustwirbeldornfortsatzes.
Indikationen:	Akute Konjunktivitis, Ulzera der Kornea, Gerstenkorn.
Punktur:	Der Punkt wird mit Moxa behandelt. Bei einseitigem Prozeß nur auf der erkrankten Seite.
Kommentar:	Schon in der alten Literatur war für B 16 = Tou Iu = „Zustimmungspunkt für das Tou Mo = LG" nur die Moxibustion vorgesehen.
B 17 -01:	Qi Chuan, Chi Chuan, Tchi Tschuan.
P. a. M. 59	„Keuchen".
Lokalisation:	2 Cun lateral vom 7. Brustwirbeldorn.

Indikationen:	Asthma bronchiale, Bronchitis, Pleuritis, paroxysmale Tachykardie.
Punktur:	schräg, 5 Fen — 1 Cun.
Kommentar:	Die Indikationen wurden offensichtlich von jenen des Punktes B 17 = Ko Iu = „Zustimmungspunkt für das Diaphragma", abgeleitet.

B 41 -01: Yin Kou.
P. a. M. 60 „Silbermund".
Lokalisation: Am Angulus scapulae inferior.
Indikationen: Hämoptysen, Anämie, Pneumonie, Interkostalneuralgie.
Punktur: schräg, 5 Fen — 1 Cun.
Kommentar: Übereinstimmende Indikationen mit B 41 = Ko Koann = „Zwerchfellgrenze".

LG 8 -1: Ba Zhui Xia, Pa Chui Hsia, Ba Dschuee Hia.
P. a. M. 61 „Unter dem 8. Wirbel".
Lokalisation: In einer Vertiefung unter dem 8. Brustwirbeldorn.
Indikationen: Asthma bronchiale, Diabetes mellitus, Malaria.
Punktur: schräg, 5 Fen — 1 Cun.
Kommentar: Die Indikationen dieses Punktes decken sich mit denen, die für B 18 = Kann Iu = „Zustimmungspunkt für die Leber", der zugleich als ein Dispersionspunkt der 5 Organe gilt, angegeben werden. Dabei kann es sich sowohl um Yang- als auch um Yin-Erkrankungen handeln, die mit allgemeiner Energieschwäche einhergehen.

B 18 -2: Yi Yu, Yi Shu, I Yü.
P. a. M. 62 „Zustimmungspunkt für das Pankreas".
Lokalisation: Am Blasenmeridian, zwischen B 17 und B 18, 1,5 Cun distal und lateral vom 8. Brustwirbeldorn.
Indikationen: Diabetes mellitus, Bronchitis, Pleuritis, Schmerzen im Abdomen, Erbrechen, Interkostalneuralgie.
Punktur: schräg, 5 Fen — 1 Cun.
Kommentar: siehe LG 8 -1.

B 19 -01: Shu Bian, Shu Pien, Schu Biän.
P. a. M. 63 „Seitlich des Zentrums".
Lokalisation: 1 Cun distal und lateral des 10. Brustwirbeldorns.
Indikationen: Ikterus, Cholezystopathien, Pleuritis.

Punktur:	schräg, 5 Fen — 1 Cun.
Kommentar:	B 19 = Tann Iu = „Zustimmungspunkt der Gallenblase", hat unter zahlreichen anderen, die obigen Indikationen.

B 43 -01:	Zhuo Yu, Chuo Yu, Dscho Yü.
P. a. M. 64	„Trübes Bad".
Lokalisation:	Zwischen B 19 und B 43, etwas näher zu B 43, 2,5 Cun lateral vom unteren Rand des 10. Brustwirbeldorns.
Indikationen:	Cholezystopathien, Hepatopathien, Appetitlosigkeit, Hysterie.
Punktur:	schräg, 5 Fen — 1 Cun.
Kommentar:	Der Bezugspunkt B 43 = Yang Kang = „Yangbindung" hat als Hauptindikationen hochgradige Asthenie, man kann weder flüssige noch feste Speisen zu sich nehmen, völliger Appetitverlust, Bauchschmerzen, gelbe Skleren. In psychischer Hinsicht: Gereiztheit.

B 18 -1:	Jian *Ming* 5, Chien Ming 5, Djiän Ming.
Neupunkt 53	„Bessere Sicht — helleres Sehen 5".
Lokalisation:	5 Fen kranial von B 18.
Indikationen:	Optikusatrophie, Katarakt, Retinitis, Nachtblindheit.
Punktur:	senkrecht, 5—8 Fen.
Kommentar:	B 18 = Kann Iu = „Zustimmungspunkt für die Leber". Wir erinnern: „Die Leber regiert Muskeln und Sehnen und *das Auge* besonders die Retina."

LG 5 -1:	Jie Gu, Chie Ku, Djiä Gu.
P. a. M. 65	„Knochenverbindung".
Lokalisation:	In der Vertiefung unter dem 12. Brustwirbeldorn.
Indikationen:	Dysenterie, — Enterokolitis besonders bei Kindern, Magenschmerzen, Dyspepsie, Prolapsus ani, Epilepsie.
Punktur:	schräg, 5 Fen — 1 Cun.
Kommentar:	Die obigen Indikationen wurden, wie auch der Name des P. a. M. von LG 5 = Iuann Tchou = „Hängendes, federndes Scharnier" übernommen. Bei LG 5 finden wir: Alle Affektionen, die sich aus einer schlechten Verdauung ableiten, unverdaute Nahrung im Stuhl, Durchfälle, Dysenterie, Rektalprolaps bei Kindern, Epilepsie, schizoide Geisteskrankheiten.

B 45 -01:   Kui Yang Xue, Kui Yang Hsueh, Kuee Yang Hüo.
Neu-Punkt 54   „Ulkuspunkt".
Lokalisation: 2 Cun lateral von B 45 oder 6 Cun lateral vom unteren Ende des 12. Brustwirbeldorns.
Indikationen: Ulcus ventriculi et duodeni.
Punktur: schräg, 3—5 Fen.
Kommentar: Der Bezugspunkt B 45 = Oe Tsrang = „Speicher, Vorratskammer des Magens" hat die Indikationen: Der Kranke ißt zwar, aber er magert trotzdem ab, er leidet unter Magenkrämpfen und Verdauungsstörungen, unter Schmerzen im Oberbauch, die in die Flanken ausstrahlen. Wir finden vom LG nach lateral in derselben Höhe: LG 5 -1, B 21 (Zustimmungspunkt des Magens), B 45 und dann B 45 -01. Daraus ergeben sich die ähnlichen Indikationen dieser Punkte.

B 46 -01:   Pi Gen, Pi Ken.
P. a. M. 66   „Milzknoten", „Milztumor".
Lokalisation: 5 Fen lateral von B 46, oder 3,5 Cun lateral vom 1. Lendenwirbeldorn.
Indikationen: Hepato-Splenomegalie, Gastritis, Enterokolitis, Kreuzschmerzen.
Punktur: senkrecht, 1—1,5 Cun.
Kommentar: B 46 = Roang Menn = „Pforte der vitalen Zentren" hat die Indikationen: Alle Affektionen der Verdauung, die auf die entsprechenden Organe einwirken, mit den daraus resultierenden Folgezuständen.
Wir finden vom LG 5 ausgehend nach lateral in derselben Höhe — B 22 (Zustimmungspunkt der 3 Erwärmer), B 46 und B 46 -01.

B 46 -02:   Wei Shu, Uee Schu.
Neupunkt 55   „Angenehmer Magen".
Lokalisation: 4,5 Cun lateral vom 2. Lendenwirbeldorn entfernt, am Schnittpunkt der 12. Rippe mit dem M. sacrospinalis.
Indikationen: Magenschmerzen, Magenkrämpfe.
Punktur: senkrecht, 1—2,5 Cun.
Kommentar: siehe B 46 -01.

LG 4 -1:   Xue Chou, Hsueh Chou, Hüo Tschou.
P. a. M. 67   „Kummer mit Blut".

Lokalisation:	zwischen LG 4 und LG 5, kranial vom 2. Lendenwirbeldorn.
Indikationen:	Blut im Stuhl, Nasenbluten, Bluterbrechen, Bluthusten, alle Blutungssymptome.
Punktur:	Moxibustion.
Kommentar:	Schon BACHMANN und WOGRALIK haben auf den Einfluß des, dem obigen Punkt nahe gelegenen Punktes B 23 auf die Blutgerinnung hingewiesen. B 23 (Zustimmungspunkt Niere-Nebenniere) gehört außerdem zu den „direkten kortikotropen Punkten".

LG 4 -2:
P. a. M. 70

	Zhu Zhang, Chu Chang, Dschu Dschang. „Bambusstock".
Lokalisation:	Unter LG 4, über dem 3. Lendenwirbeldorn.
Indikationen:	Nabelschwellung bei Kleinkindern, Appetitlosigkeit, Enteritis, Hämorrhoiden, Analprolaps, Kreuzschmerzen, Rückenmarkserkrankungen.
Punktur:	Moxibustion.

LG 4 -3:
P. a. M. 71

	Xia Ji Yu, Hsia Chi Shu, Hia Dji Yü. „Zustimmungspunkt für unten".
Lokalisation:	In einer Vertiefung unter dem 3. Lendenwirbeldorn.
Indikationen:	Abdominelle Erkrankungen, Hämorrhoiden, Zystitis, Kreuzschmerzen.
Punktur:	schräg, 5 Fen — 1 Cun.
Kommentar:	Es sei in diesem Zusammenhang daran erinnert, daß LG 4 = Ming Menn = „Tor des Lebens, des Glanzes" in Nabelhöhe liegt. Wir finden vom Nabel ausgehend in einer Höhe KG 8, N 16, M 25, MP 15, B 47, B 23 und LG 4. Die Wirkung von LG 4 bei körperlicher und seelischer Erschöpfung, sein hormoneller Einfluß etc. sind bekannt.

B 23 -02:
P. a. M. 68

	Chang Feng, Tschang Fung. „Darmwind".
Lokalisation:	Etwas medial von B 23, oder 1 Cun lateral vom unteren Rand des 2. Lendenwirbeldorns.
Indikationen:	Chronische Magen-Darm-Erkrankungen, Hämorrhoiden.
Punktur:	senkrecht, 1—1,5 Cun.
Kommentar:	B 23 = Chenn Iu = „Zustimmungspunkt der Nieren", hat unter vielen anderen, die Indikationen: Verdauungsstörungen mit chronischen Durchfällen.

B 47 -01: P. a. M. 69	Ji Ju Pi Kuai, Chi Chu Pi Kuai, Dji Djü Pi Kuai. „Anhäufung von Milzknoten".
Lokalisation:	lateral von B 47, 4 Cun lateral vom Unterrand des 2. Lendenwirbeldorns.
Indikationen:	Dyspepsie, Enteritis, Hepato-Splenomegalie.
Punktur:	senkrecht, 1—1,5 Cun.
Kommentar:	Auf der Indikationsliste von B 47 = Tchi Chi = „Sitz des Willens", finden wir: Verdauungsstörungen, mit Krämpfen einhergehend, Erbrechen, Augmentatio hepatis.

B 47 -02: P. a. M. 72	Hou Qi Men, Hou Chi Men, Hou Tchi Men. „Tor für späte Termine".
Lokalisation:	Auf der Crista iliaca, 4 Cun lateral von LG.
Indikationen:	Hohe Ischias, zur Geburtserleichterung.
Punktur:	senkrecht, 2—3 Cun.

B 47 -03: P. a. M. 74	Yao Yan, Yao Yen, Yau Yän. „Auge des Kreuzes".
Lokalisation:	8 Fen lateral von B 47 -1, also 3,8 Cun lateral vom Unterrand des 4. Lendenwirbeldorns.
Indikationen:	Kreuzschmerzen, Gynäkologische Erkrankungen, Orchitis.
Punktur:	senkrecht, 1,5—2 Cun.

B 47 -1: P. a. M. 73	Yao Yi, Yau I. „Zum Wohl des Kreuzes".
Lokalisation:	3 Cun lateral vom unteren Rand des 4. Lendenwirbeldorns, auf dem Blasenmeridian.
Indikationen:	Kreuzschmerzen.
Punktur:	senkrecht, 1,5—2 Cun.

LG 3 -1: EXTRA 19 P. a. M. 75	Shi Qi Zhui Xia, Shi Chi Chui Hsia, Sche Tschi Dschue Hia. Shiqizhui. „Unter dem 17. Wirbel".
Lokalisation:	In der Vertiefung unter dem 5. Lendenwirbeldorn, in der Höhe des Sakroiliakalgelenkes.
Indikationen:	Kreuzschmerzen, Beinschmerzen, Lähmung der unteren Extremitäten, gynäkologische Erkrankungen.

Punktur:	senkrecht, 1—2 Cun.
Kommentar:	Der Punkt liegt unter LG 3 = Yang Koann = „Yang-Grenze", dessen Indikationen — Schmerzen in der Lendenwirbelsäule sowie paravertebral, Lähmungen und Kontrakturen der unteren Extremitäten, Menstruationsstörungen und Beschwerden, Impotenz, Kolitis, Diarrhö. Alle diese Indikationen gelten auch für die im umliegenden Bereich gelegenen, vorher beschriebenen Punkte.

LG 3 -2:	Jiu Gi, Chiu Chi, Djiu Tchi.
P. a. M. 78	„Turteltauben".
Lokalisation:	In der Vertiefung unter dem 1. Sakralwirbeldorn.
Indikationen:	Menorrhagie.
Punktur:	Moxibustion.

B 48 -1:	Yao Gen, Yao Ken, Yau Gen.
P. a. M. 77	„Wurzel des Kreuzes".
Lokalisation:	3 Cun lateral vom unteren Rand des 1. Sakralwirbeldorns, auf dem Blasenmeridian, oberhalb von B 48.
Indikationen:	Schmerzen, die in die unteren Extremitäten bis zu den Füßen ausstrahlen.
Punktur:	senkrecht, 3 Cun.

B 48 -01:	Zhong Kong, Chung Kung, Dschung Kung.
P. a. M. 76	„Hohl, schwebt in der Luft".
Lokalisation:	3,5 Cun lateral vom Unterrand des 5. Lendenwirbeldorns, in Höhe von B 26.
Indikationen:	Kreuzschmerzen.
Punktur:	senkrecht, 1,5—2 Cun.

B 48 -02:	Tiao Yue, Tiao Yueh, Tiau Yüo.
Neu-Punkt 57	„Springen".
Lokalisation:	2 Cun vom höchsten Punkt der Spina iliaca nach dorsokaudal.
Indikationen:	Folgezustände nach Poliomyelitis.
Punktur:	senkrecht, 1—1,5 Cun.

LG 2 -4:	Yao Gi, Yao Chi, Yau Tchi. Als EXTRA 20 — Yaoqi.
EXTRA 20	„Wunder des Kreuzes".
P. a. M. 79	

Lokalisation:	a) In der Vertiefung unter dem 2. Sakralwirbeldorn. b) 2 Cun direkt oberhalb der Steißbeinspitze.
Indikationen:	Epilepsie.
Punktur:	1—2 Cun, schräg, nach aufwärts.
Kommentar:	In der älteren Literatur finden wir bei LG 1 und LG 2 = „Iu der Nierenregion", diesbezügliche Indikationen: Epilepsie, Konvulsionen der Kinder, ängstliche Kinder, schielende Kinder, Geisteskrankheiten.

LG 2 -3: P. a. M. 80	Xia Zhhui, Hsia Chui, Hia Dschuee. „Unterer Wirbel".
Lokalisation:	In der Vertiefung unter dem 3. Sakralwirbeldorn.
Indikationen:	Kolitis, Hämorrhoiden, Menstruationsunregelmäßigkeit, Urethritis, auch spezifischer Genese.
Punktur:	schräg, 5 Fen — 1 Cun.

LG 2 -2: P. a. M. 81	Yu Tian, Yu Tien, Yü Tien. „Jadefeld".
Lokalisation:	Unter dem 4. Sakralwirbeldorn.
Indikationen:	Schmerzen der Lenden und Kreuzbeingegend, zur Geburtserleichterung.
Punktur:	schräg, 5 Fen — 1 Cun.

LG 2 -1: P. a. M. 82	Pin Xue Ling, Pin Hsueh Ling, Pin Hüo Ling. „Empfindlichkeit bei Anämie".
Lokalisation:	Knapp oberhalb von LG 2.
Indikationen:	Anämie.
Punktur:	Moxibustion.
Kommentar zu LG 2 -1 bis LG 2 -3:	In der Überlieferung finden wir für diese Region folgende Indikationen: Kolitis, Blutbeimengungen im Stuhl, alle Formen der Hämorrhoiden, Rektalprolaps, Dysurie, alle Urethritisformen, Impotenz, Hypospermie, Schmerzen in der Wirbelsäule, so daß man sich nicht bücken oder aufrichten kann, Epilepsie, „Benommener Kopf", Geisteskrankheiten. Es wird gefordert, daß nach der Punktur oder Moxibustion dieser Zone der Patient ausruhen soll, er soll auch keinen Alkohol zu sich nehmen und keinen Geschlechtsverkehr haben.

B 49 -01: Tun Zhong, Tun Chung, Tuen Tschung.
P. a. M. 83 „Gefäßzentrum".
Lokalisation: Der Abstand vom Trochanter major femuris zum Os coccygis bildet die Basis eines gleichseitigen Dreiecks, dessen obere Spitze B 49 -01 ist.
Indikationen: Ischias, Lähmung der unteren Extremitäten, Folgezustände nach Poliomyelitis, Durchblutungsstörungen der Beine, Urtikaria.
Punktur: senkrecht, 2—3 Cun!
Kommentar: Die obigen Indikationen entsprechen jenen der Punkte des Blasenmeridians in dieser Region.

B 49 -02: Huang Zhong, Huan Chung, Huan Dschung.
P. a. M. 84 „Reifenmitte".
Lokalisation: Im Mittelpunkt einer Verbindungslinie zwischen LG 2 und G 30.
Indikationen: Ischias, Kreuzschmerzen, Beinschmerzen.
Punktur: senkrecht, 2—3 Cun!
Kommentar: siehe B 49 -01, der Punkt wird vor allem in Japan zur Behandlung der Ischias häufig verwendet.
Man beachte die vorgeschriebene große Stichtiefe, die allerdings an diesem Punkt bei unseren Wohlstandspatienten realisierbar sein dürfte.

B 49 -03: Zuo Gu, Tsuo Ku, Dsuo Gu.
Neu-Punkt 58 „Sitzknochen".
Lokalisation: 1 Cun kaudal vom Mittelpunkt einer Verbindungslinie zwischen Trochanter major und der Steißbeinspitze.
Indikationen: Ischialgien.
Punktur: senkrecht, 2—3 Cun!
Kommentar: siehe B 49 -02.

B 35 -01: Pang Qiang, Pang Chiang, Pang Tschiang.
Neu-Punkt 59 „Prolapspunkt". („Seitlich von Tchiang Tsiang = LG 1 = „Zuwachs der Kraft".)
Lokalisation: 1,5 Cun lateral von LG 1, etwas lateral und kaudal von B 35.
Indikationen: Rektalprolaps, Uterusprolaps.
Punktur: schräg, nach innen-oben, 3—5 Cun!
Kommentar: B 35 führt die Indikationen: Yang-Schwäche, starke Durchfälle, Hämorrhoiden, Rektalprolaps.

Obere Extremität

Ting (Ching) manus 1 -10: EXTRA 30 Point curieux 1 = Sap Sun	Shi Xuan, Shi Hsuan, Sche Süan. „Die 10 Äußerungen". „10 Emanationen".
P. a. M. 86	Mu Zhi Jian, Mu Cih Chien, Mu Dsche Djiän. „Daumenspitze".
P. a. M. 87	Xiao Zhi Jian, Hsiao Chih Chien.
P. a. M. 88	„Kleinfingerspitze".
Lokalisation:	An den 10 Fingerspitzen, ca. 1 Fen distal vom Fingernagelrand.
Indikationen:	Bei akuten Zuständen, zur ersten Hilfeleistung, Schock, Koma, Sonnenstich, Hitzschlag, zerebrale Insulte, Bewußtlosigkeit, Fieberphantasien, Epilepsie im Anfall, aber auch Hysterie. „Daumenspitze" allein, außerdem für Ödeme bei Nephritis. „Kleinfingerspitze" allein, für Pertussis, Gelbsucht.
Punktur:	Gegen akute Zustände mit der Dreikantnadel und bluten lassen. Sonst, wenn nur Daumen- oder Kleinfingerspitze mit ihren spezifischen Indikationen punktiert werden, seicht, 1—2 Fen.
Kommentar:	Wir haben die obigen Punkte, entgegen der bisherigen Bezeichnung unter dem Begriff Ting (Ching) zusammengefaßt, weil sie praktisch mit den überlieferten Ting (Ching) = „Brunnenloch"-Punkten, darunter versteht man die an den Akren gelegenen, Anfangs- oder Endpunkte der Meridiane identisch sind. Hier, im arterio-venösen Anastomosengebiet tritt die „Energie" von einem Meridian zu dem entsprechenden, gekoppelten über, von Yang zu Yin und umgekehrt. Ob wir hierfür die bei den meisten Autoren angegebenen Lokalisationen an den Nagelwinkeln annehmen, oder wie im Ling-Shu die Fingerspitzen und Zehenspitzen, erscheint für den Kenner der Materie nur von sekundärer Bedeutung. Die Punkte entsprechen nach der Überlieferung jeder für sich dem ersten „antiken" Punkt des betreffenden Meridians, und stehen in den 5 Wandlungsphasen für die Begriffe „Wind", „Holz", „Frühling", „Osten", „Morgendämmerung" und „Geburt des Yang". Von

diesen allegorischen „Brunnenlöchern" nimmt die Energie ihren Ausgang.

Die nun von distal nach proximal den Ting manus an der Volarseite der Hände folgenden 4 Punkte, lassen sich, ohne sie aus dem Zusammenhang zu reißen, nur schwer in unser System einordnen, weswegen wir uns auf ihre Beschreibung beschränken.

P. a. M. 94	Si Feng, Szu Feng, Se Fung.
EXTRA 29	„Die 4 Fugen".
Point curieux 31	Cheu Fang, „4 Zwischenräume".
Lokalisation:	Im Mittelpunkt der mittleren, volaren Quergelenksfalte des 2., 3., 4. und 5. Fingers. Bei Point curieux 31: In der Mitte der Metakarpo-phalangealen Falte des Zeigefingers, des Mittelfingers, des Ringfingers und des Kleinfingers an der palmaren Seite der Hand (Diese Falte gilt in der traditionellen Terminologie als „erste Barriere").
Indikationen:	Bei EXTRA 29: Dyspepsie bei Kleinkindern, chronische Verdauungsstörungen mit dadurch bedingter Unterernährung, Keuchhusten. Bei Point curieux 31: hochgradig abgemagerte Kinder, Neigung zur Tuberkulose.
Punktur:	Bei EXTRA 29: senkrecht stechen und Stichwunde etwas auspressen. Bei Point curieux 31: Mit der Dreikantnadel stechen und bluten lassen.
Kommentar:	Welche Verwirrung in den bisherigen Beschreibungen der P. a. M. herrscht zeigt am besten die Tatsache, daß einer dieser 4 Punkte nochmals als P. a. M. 89, Feng Guan, Feng Kuan, Fung Guan = „Windsperre" figuriert. Es ist dies der Punkt am Zeigefinger, der in dieser Beschreibung gegen Krämpfe bei Kleinkindern indiziert sein soll und seicht zu stechen ist, bis es blutet. Wichtiger als die vorherigen Punkte erscheinen uns die folgenden schon bei den Points curieux beschriebene Punktekombinationen. Ihre anatomische Lage ist an den Händen und Füßen gleich, sie tragen jedoch verschiedene Namen. So an den Händen: „Huit pervers" oder „Die 8 Laster", an den Zehen tragen sie die Bezeichnung: „Die 8 Winde". Wir beschreiben sie ihrer Topographie wegen getrennt, obwohl sie weitgehend ähnliche Indikationen aufweisen.

Auch hier verzichten wir darauf, sie gewaltsam in unser System zu pressen.

EXTRA 28
P. a. M. 107
Point curieux 3

Ba Xie, Pa Hsieh, Ba Siä.
„Die 8 Laster".
Pa Tche = Huit pervers.

Lokalisation: 8 Punkte auf dem Handrücken der rechten und linken Hand zwischen den Metakarpalköpfchen.
Bei Points curieux 3, tragen sie eigene Namen. Der 1. Punkt (Ta Tou), wird bei geschlossener Faust zwischen Daumen und Zeigefinger am Übergang der Hautfarbe von rötlich zu weiß beschrieben.
Als spezielle Indikationen dieses Punktes werden „Wind, der den Kopf angreift" und Zahnschmerzen genannt.
Der 2. Punkt (Chang Fou), wird bei geschlossener Faust zwischen den Knöcheln des Zeige- und Mittelfingers lokalisiert. Seine Indikationen sind: Rötung und Schwellung des Handrückens und des Unterarmes. Der 3. Punkt (Tchong Fou), liegt ähnlich wie der vorhergehende, nur zwischen Mittel- und Ringfinger und schließlich der letzte Punkt (Cha Fou), zwischen den Knöcheln von Ringfinger und kleinem Finger. Indikationen dieser Punkte sind die gleichen wie die des Chang Fou.

Indikationen: Entzündungen der Fingergelenke, Rötung und Schwellung des Handrückens, Paralyse der Hand, Kopfschmerzen, Zahnschmerzen, Schlangenbiß.

Punktur: 5 Fen — 1 Cun, schräg, oder leicht stechen, bis es blutet.
Bei Point curieux 3: 1 Fen tief, oder Moxa.

Kommentar: Wie aus der Beschreibung aus älterer Zeit bei Point curieux 3 zu erkennen ist, hat der erste dieser Punkte Ta Tou die Indikationen des Dickdarmmeridians, was auch seiner anatomischen Lage entspricht und wodurch die Fernwirkung auf den Kopfbereich erklärlich ist. Die anderen Punkte haben loko-regionale Bedeutung.
In ihrer Nähe finden wir die Punkte der „Handakupunktur" und zwar Hand 5, 14, 13 und 12.
Auch hier wieder auffällig: Hand 5: Dickdarmmeridian, Periarthritis humeroscapularis sowie Schulterschmerzen durch Unterkühlung. Hand 14: Nackenschmerzen, Zervikalsyndrom, Distorsionen im HWS-Bereich. Hand 13: fast in der Lokalisation identisch mit 3 E 2 -01 und mit dem als EXTRA 27 beschriebenen Punkt Yatong, hat auch ähnliche Indikationen, nämlich

Zahnschmerzen, Trigeminusneuralgie, Tonsillitis acuta, Laryngo-Pharyngitis. Schließlich Hand 12: auf dem 3 E-Meridian zwischen dem 4. und 5. Fingergrundgelenk gelegen, welcher Punkt gegen Ischialgie, Koxarthralgie und Schmerzen im Glutealbereich empfohlen wird.

Wenn wir nun den Zusammenhängen nachgehen, finden wir, wie schon so oft, daß letzten Endes alle diese Punkte als „Satellitenpunkte" unserer klassischen Punkte gelten können. Wenn diese Tatsache erst genügend bekannt ist, wird zwar der Glanz dieser Punkte etwas verblaßt sein, dafür aber die bisherige Rangordnung, die ja nicht von ungefähr entstand, wieder in ihr Recht treten.

3 E 2 -01: Nüe Men, Nueh Men, Nüä Men.
Neupunkt 61 „Tor zur Malaria".
Handpunkt 13 = Yan Hou Dian, Yän Hou Diän, = „Pharynx u. Larynxpunkt"

Lokalisation: a) Auf dem Handrücken, zwischen 3. und 4. Finger, an der Grenze der behaarten zur unbehaarten Haut.
b) Am Dorsum der Hand, zwischen 3. und 4. Fingergrundgelenk, etwas näher zum dritten.

Indikationen: Bei Neupunkt 61: Malaria.
Bei Handpunkt 13: Tonsillitis acuta, Laryngo-Pharyngitis, Trigeminusneuralgie, Zahnschmerzen.

Punktur: Bei Neupunkt 61: schräg, 5 Fen — 1 Cun.

Kommentar: Am obigen Beispiel läßt sich am besten der wahre Wert, oder Unwert der meisten dieser „Neupunkte", P. a. M. und der Punkte der „Handakupunktur" nachweisen.
Die 2 Punkte, die ganz knapp beieinander liegen, wurden offensichtlich von verschiedenen Akupunkteuren einzeln „entdeckt", lokalisiert und so kamen auch die unterschiedlichen Indikationen in die „neue" Literatur.
Analysiert man jedoch den klassischen Bezugspunkt, so findet man bei 3 E 2 = Hi Menn = Ye Men = Yä Men = „Tor der Flüssigkeiten", dem Jong-Punkt des 3-E-Meridians, folgende Indikationen:
Malaria, auch chronische Formen.
Angina, Entzündungen des Schlundes, der Kehle.
Zahnschmerzen, besonders der Schneidezähne.
Akute Konjunktivitis, Kopfschmerzen.
Schmerzen in den Handgelenken.
Wir sehen an diesem Beispiel, daß die klassischen Punkte dieser Region, 3 E 2 und 3 E 3 durchaus ausreichen und

die „Neu-Punkte" bis auf wenige Ausnahmen, keinerlei Vorteile bringen. Sie stiften lediglich Verwirrung und verführen den Anfänger dazu, zu glauben, — frei nach GOETHE — von *einem* Punkt aus *alles* kurieren zu können.

Jene Neu-Punkte aber, die im Sinne des Wortes als solche bezeichnet werden können, wird man, wie es schon Jahrhunderte hindurch geschieht, in das kontinuierlich entstandene Ordnungssystem integrieren. Vorher aber muß ihre angebliche Wirkung über einen langen Zeitraum hinweg geprüft und bestätigt werden.

3 E 2 -02:	Er Shan Men, Erh Shan Men, Öl Schan Men.
P. a. M. 104	„Zwei Torflügel".
Lokalisation:	In der Spalte zwischen 3. und 4. Finger, Dorsalseite der Hand.
Indikationen:	Augenkrankheiten, Fieber ohne Schweiß.
Punktur:	schräg, 3—5 Fen.
Kommentar:	Lage ähnlich Di 2 -01, Indikationen: dieselben.

3 E 2 -03:	Quan Jian, Chuan Chien, Tchüan Djiän.
P. a. M. 106	„Faustspitze".
Lokalisation:	Auf dem Handrücken, auf dem Capitulum des Metakarpale 3.
Indikationen:	Augenkrankheiten.
Punktur:	Moxibustion.

3 E 3 -1:	Jing Ling, Ching Ling, Djing Ling.
P. a. M. 111	„Geläuterte Seele".
Lokalisation:	Auf dem Handrücken, proximal vom Knochenwinkel, zwischen Metakarpale 4 u. 5, in einem Grübchen.
Indikationen:	Kopfschmerzen, Augenflimmern, Schwindel, Tinnitus, Schmerzen des Handrückens, Konvulsionen bei Kleinkindern.
Punktur:	senkrecht, 3—5 Fen.

3 E 3 -01:	Wai Lao Gong, Wai Lao Kung, Uai Lau Gung.
P. a. M. 109	„Der äußere Palast der Mühen".
Lokalisation:	Auf dem Handrücken, ulnar vom Metakarpale 3, distal vom Capitulum.

Indikationen: Schmerzen und Entzündungen des Handrückens, Paraesthesiae-„Fallhand"-Dyspepsie.

Punktur: senkrecht, 3—5 Fen.

3 E 3 -02: Wei Ling, Uee Ling.
P. a. M. 110 „Stattliche Seele".

Lokalisation: Auf dem Handrücken, im proximalen Winkel von Metakarpale 2 und 3.

Indikationen: wie 3 E 3 -1.

Punktur: wie 3 E 3 -1.

Kommentar: Siehe 3 E 2 -01.

3 E 4 -01: Zhong Quan, Chung Chuan, Dschung Tchüan.
EXTRA 25 „Mittlere Quelle".
P. a. M. 118

Lokalisation: a) Auf dem Handwurzelrücken, zwischen 3 E 4 und Di 5, in einer Vertiefung.
b) Am Handgelenk, dorsal, in einer Vertiefung an der radialen Seite der Sehne des M. extensor digitorum communis.

Indikationen: Schmerzen im Handgelenk, Erstickungsgefühl, Hämoptysen, Magenschmerzen.

Punktur: senkrecht, 0,5—0,8 Cun oder schräg nach lateral.

Kommentar: Die Indikationen wurden von jenen des 3 E 4 = Yang Tcheu = „Teich des Yang", dem Iünn = Quellpunkt des 3 E, der mit dem Lo = Durchgangspunkt des KS-Meridians durch die Lo-Transversale in Verbindung steht, abgeleitet.
Wir erinnern an die Wirkung der Iünn-Punkte bei Leiden, die in Zusammenhang mit konstitutionellen Faktoren der Minderwertigkeit oder Schwäche bestimmter Organsysteme stehen, wie dies auch bei degenerativen Erkrankungen oft der Fall ist.

3 E 4 -02: Cun Ping, Tsun Ping, Tsuen Ping.
P. a. M. 119 „In Cun-Höhe".

Lokalisation: 1 Cun proximal vom Mittelpunkt der dorsalen Handgelenksquerfalte, dann 4 Fen nach radial.

Indikationen: Schock, Herzinsuffizienz.

Punktur: senkrecht, 5 Fen — 1 Cun.

Kommentar:	Die obigen Indikationen werden sofort verständlich, wenn man bedenkt, daß der Punkt 3 E 4 als Iünn = Quellpunkt in Verbindung mit dem Lo = Durchgangspunkt des KS-Meridians, also mit KS 6 steht.
3 E 8 -01: Neu-Punkt 65	Luo Shang, Lo Shang, Luo Schang. „Über 3 E 8".
Lokalisation:	1 Cun proximal von 3 E 8, knapp radial neben dem Meridianverlauf oder 3 Cun proximal von 3 E 5.
Indikationen:	Taubheit, Parese der oberen Extremitäten, Schmerzen in den Gelenken.
Punktur:	senkrecht, 1,5 Cun.
Kommentar:	3 E 8 hat als „Gruppen-Lo-Punkt" der 3 Yang-Meridiane Dü, 3 E, Di, ein wesentlich umfangreicheres Wirkungsspektrum, als die obigen Indikationen vermuten lassen. Seine Hauptindikationen sind: „Man kann seine Glieder nicht bewegen, man will sich überall hinlegen und schlafen", Taubheit und auch plötzlich auftretende Stummheit.
3 E 9 -1: P. a. M. 121	Chi Rao, Chih Jao, Tsche Jau. „Ulna und Radius".
Lokalisation:	6 Cun proximal vom Mittelpunkt der dorsalen Handgelenksquerfalte, zwischen Ulna und Radius unter 3 E 9.
Indikationen:	Psychische Erkrankungen.
Punktur:	senkrecht, 2—3 Cun!
Kommentar:	Durch den tiefen Stich kommen, abgesehen von der bekannten energetischen Verbindung der Meridiane, auch die Indikationen des KS 4 — Angstgefühl ohne erklärbare Ursache, verbunden mit Energieschwäche —, zum Tragen.
3 E 10 -1: Neu-Punkt 66	Ying Xia, Ying Hsia, Ying Hia. „Unter dem Olekranon".
Lokalisation:	3 Cun distal vom Olekranon, auf dem 3-E-Meridian.
Indikationen:	Paralyse der oberen Extremitäten, Schmerzen im Ellbogengelenk, Taubheit.
Punktur:	senkrecht, 1—1,5 Cun.
3 E 10 -01: Point curieux 7	Tchao Tsim. „Ellenbogen".
Lokalisation:	Bei gebeugtem Ellenbogengelenk, an der Spitze des Olekranons.

Indikationen:	Skrophulose, Lymphknotenschwellungen an Hals und Nacken.
Punktur:	Moxibustion, am wirksamsten am Beginn der Erkrankung.

3 E 10 -02: P. a. M. 124	Zhou *Yu,* Chou Shu, Dschou Yü. „Zustimmungspunkt für den Ellenbogen".
Lokalisation:	Auf der Rückseite des Ellenbogens, bei gebeugtem Arm zwischen Olekranon und Epicondylus lateralis.
Indikationen:	Ellenbogengelenksschmerzen.
Punktur:	senkrecht, 3 Fen.
Kommentar:	Die Indikationen wurden von jenen des 3 E 10 = Tienn Tsing = „Himmlischer Brunnen", dem HO-Punkt des 3 E abgeleitet. Wir finden dort unter anderem: Der Kranke kann zumeist seine Schmerzen nicht exakt lokalisieren, sie können auch nach Traumen aufgetreten sein und betreffen die Arme, den Nacken, aber auch die Retroaurikularregion sowie die Wirbelsäule in Nierenhöhe. Schwerhörigkeit und Taubheit mit Tinnitus und Vertigo, auch mit depressiver Verstimmung, sind weitere Hauptindikationen, ebenso wie entzündliche Lungenerkrankungen. Dies ist um so mehr verständlich, wenn wir bedenken, daß der 3 E 10 der Sedativpunkt seines Meridians ist.

3 E 12 -01: Neu-Punkt 71	Ying Shang, Ying Schang. „Über dem Olekranon".
Lokalisation:	4 Cun kranial vom Olekranon.
Indikationen:	Folgezustände nach Poliomyelitis.
Punktur:	senkrecht, 1—2 Cun.
Kommentar:	Bei 3 E 12 finden wir: Schulter- und Armschmerzen, man kann den Arm nicht heben, sich nicht ankleiden, keine Knöpfe schließen.

Di 1 -01: P. a. M. 101	Zhong Kui, Chung Kui, Dschung Kuee. „Zentraler Riese".
Lokalisation:	Im Mittelpunkt des distalen Mittelfingergelenks, an der Dorsalseite.

Indikationen:	Zahnschmerzen, Appetitlosigkeit, Magenschmerzen mit Aufstoßen.
Punktur:	Moxibustion.

Di 2 -01:	Yi Shan Men, I Schan Men.
P. a. M. 103	„Ein Torflügel".
Lokalisation:	Am Handrücken, in der Falte zwischen Zeige- und Mittelfinger.
Indikationen:	Augenkrankheiten, Fieber ohne Schweiß.
Punktur:	schräg, 3—5 Fen.

Di 3 -02:	Luo Zhen, Luo Chen, Luo Dschen.
EXTRA 26	„Hexenschuß".
P. a. M. 108	
Lokalisation:	Auf dem Handrücken, zwischen dem 2. und 3. Metakarpale, 0,5 Cun proximal des Metakarpophalangealgelenkes.
Indikationen:	Nackensteifheit, Genickstarre, Schulter- und Armschmerzen, Magenschmerzen, Schmerzen und Schwellung des Oropharynx.
Punktur:	senkrecht, oder schräg, 0,5—1 Cun.

Di 3 -03:	Luo Ling Wu.
Neu-Punkt 62	„Fallen um 0,5" (gemeint ist damit 0,5 Cun hinter Luo Zhen).
Lokalisation:	5 Fen proximal von Luo Zhen = Di 3 -02.
Indikationen:	Magenkrämpfe, labile Hypertonie.
Punktur:	schräg, 5 Fen — 1 Cun.

Di 6 -1:	Xia Wen Liu, Hsia Wen Liu, Hia Wen Liu.
P. a. M. 120	„Unter dem warmen Strom".
Lokalisation:	2 Cun proximal vom radialen Ende der dorsalen Handgelenksquerfalte, auf dem Di-Meridian, zwischen Di 5 und Di 6.
Indikationen:	Zahnschmerzen.
Punktur:	senkrecht, 2—3 Fen.
Kommentar:	Di 6 hat unter anderem die Indikation Odontalgie.

Di 9 -01: Neu-Punkt 67	Niu Shang Xue, Niu Shang Hsueh, Niu Schang Hüo. „Verrenkungspunkt".
Lokalisation:	Bei gebeugtem, an den Körper angelegtem Unterarm, läßt man eine leichte Faust bilden. Der Punkt liegt am Ende des oberen Viertels einer Verbindungslinie zwischen Di 11 u. 3 E 4, etwas radial von Di 9.
Indikationen:	Akute Verrenkung in der Lendengegend, Lumbago.
Punktur:	senkrecht, 1—2 Cun, dabei zur Reizverstärkung die Nadel wie bei der Analgesie stimulieren und den Patienten auffordern die LWS zu bewegen.
Kommentar:	Di 9, Chang Lien „Obere Region des Unterarmes" ist ein Reunionspunkt mit dem Magenmeridian. Der nur 1 Cun entfernte Di 10 gilt als Testpunkt für spastische Paresen und als „Judo-Todespunkt". Auf die Verbindungen von Di 8, 9, 10 und 11 zum 3 E und Nierenmeridian (LWS-Lendenregion!) hat schon BACHMANN hingewiesen. Als typischer Analgesiepunkt hat Di 9 -01 oft prompte Wirkung.

Di 11 -01: P. a. M. 122	Qu Yang Wei, Chu Yang Wei, Tchü Yang Vee. „Yang-Beugung".
Lokalisation:	Bei gebeugtem Arm, etwas seitlich des radialen Endes der Ellbogenquerfalte, in einer Vertiefung.
Indikationen:	Psychische Erkrankungen.
Punktur:	senkrecht, 2—3 Cun.
Kommentar:	Der Dickdarm bildet mit dem Magenmeridian das Yang-Ming. Die psychische Wirkung des Magenmeridians ist allgemein bekannt. Weniger bekannt ist, daß dem Magenmeridian das „Nachdenken, Grübeln, Sinnieren", dem Dickdarmmeridian „der Kummer, das Leid, die traurige Verstimmung" schon im 5-Elemente-Gesetz zugeschrieben wurden.

Di 11: **Di 11 -02:** P. a. M. 123	San Chi, San Chih, San Tsche. „Die 3 Teiche".
Lokalisation:	Insgesamt 3 Punkte, im Zentrum Di 11, 1 Cun proximal „Der obere Teich = Shang Chu", 1 Cun distal von Di 11 liegt „der untere Teich = Xia Chi".
Indikationen:	Arm- und Ellbogenschmerzen, Lähmungen der oberen Extremitäten, chronische Sinusitis.

Punktur: senkrecht, 1—1,5 Cun.
Kommentar: Die Indikationen wurden von Di 11 übernommen. Interessant ist, daß bereits bei den Points curieux eine ähnliche Punktekombination unter dem Namen Lann Menn = „Pforte der Blumen" mit der Nr. 32 aufscheint.

Di 14 -1:
EXTRA 22
Neu-Punkt 73
Nao Shang, Nao Schang.
Jianzhong.
„Oberarmpunkt".

Lokalisation: a) Als EXTRA 22: In der Mitte des M. deltoideus brachii, genau zwischen Di 15 = Jiayu und Di 14 = Binao.
b) Als Neupunkt 73: Im Zentrum des M. deltoideus.

Indikationen: Paralyse der oberen Extremitäten. Armschmerzen.
Punktur: senkrecht, 1—2 Cun.
Kommentar: Trotz der unterschiedlichen Namen sind sowohl die Lokalisation als auch die Indikationen des Punktes identisch.
Indikationen wie wir sie von Di 14 kennen.

Di 14 -01:
Neu-Punkt 72
Jian Ming 6, Chien Ming 6, Djiän Ming 6.
„Lichtsehen".

Lokalisation: Lateral am Oberarm, 5 Fen dorso-kranial von Di 14, auf der Hinterkante des M. deltoideus.
Indikationen: Augenerkrankungen, Parese der oberen Extremitäten.
Punktur: schräg nach oben, 2—3 Cun.
Kommentar: Siehe Lu 11 -05.

Di 15 -:
Dü 9 -1:
H 1 -02:
Neu-Punkt 74
Jian San Zhen, Chien San Chen, Djiän San Dschen.
„3 Schulterpunkte".

Lokalisation: 3 Schulterpunkte, der obere ist Di 15, der dorsale liegt am Dü-Meridian knapp über Dü 9, der ventrale Punkt liegt 1 Cun über dem oberen Ende der vorderen Axillarfalte.
Indikationen: Schultergelenksschmerzen, Unfähigkeit den Arm zu heben, Paralyse und Parese der oberen Extremitäten.
Punktur: 1—2 Cun senkrecht, zuerst Di 15, dann Dü 9 -1 und schließlich H 1 -02. Man kann auch — nach den chinesischen Angaben — vom ventralen zum dorsalen Punkt durchstechen!!!

Kommentar: Diese Punktekombination basiert auf den schon bisher bei Schultergelenksschmerzen fast immer verwendeten Punkten *Di 15*, der als „Meisterpunkt" für alle postapoplektischen Folgezustände der oberen Extremitäten — Kontrakturen und Spasmen der Schulter, Arm- und Handmuskulatur — gilt sowie auf dem Punkt *Dü 9*, den wir bei Unvermögen den Arm nach hinten zu heben, anwenden.

Dazu kam nun ein spiegelbildlich zu Dü 9 angeordneter Punkt über dem oberen Ende der *vorderen* Achselfalte, den wir dem Bezugspunkt H 1 zuordnen, weil H 1 = Tsi Tsiuann, mitten in der Achselhöhle und medial der Arterie gelegen, ähnliche Indikationen, nämlich: Schmerzen am Oberarm und im seitlichen Thoraxbereich aufweist.

Was nun die Punktur betrifft, würden wir vom heroischen Durchstechen von der vorderen zur hinteren Achselfalte, also von H 1 -02 zu Dü 9 -1, abraten.

Erfahrungsgemäß sind die Erfolge mit der bisherigen Form der Punktur beim Schulterschmerz der üblichen Therapie überlegen und durch die Einbeziehung der Aurikulotherapie nach NOGIER kann die Akupunktur ohne Überheblichkeit als Methode der Wahl bezeichnet werden.

Di 15 -01: Tsienn Tchu Koat.
Point curieux 20 „Os de la colonne de l'épaule".
Lokalisation: An der äußersten Spitze, der höchsten Erhebung der Klavikula.
Indikationen: Paralyse des Armes, Skrophulose.
Punktur: Moxibustion.

Di 15 -02: Yu Qian, Yu Chien, Yü Tchien.
P. a. M. 128 „Vor dem Schulterknochen".
Lokalisation: 1 Cun medial von Di 15, in einer Vertiefung.
Indikationen: Arm- und Schulterschmerzen, Unfähigkeit den Arm zu heben.
Punktur: senkrecht, 5 Fen — 1 Cun.

Di 15 -03: Tai Jian, Tai Chien, Tai Djian.
Neu-Punkt 70 „Schulter heben".
Lokalisation: 1,5 ventral und kaudal vom Akromio-Klavikulargelenk.

Indikationen:	Folgezustände nach Poliomyelitis.
Punktur:	senkrecht, 1—2 Cun.

Di 15 -04:
P. a. M. 127

	Jian Yu, Chien Shu, Djien Yü.
	„Zustimmungspunkt für die Schulter".
Lokalisation:	Im Mittelpunkt einer Verbindungslinie zwischen Di 15 und Lu 2.
Indikationen:	Omarthritis, Arm- und Schulterschmerzen.
Punktur:	senkrecht, 1—1,5 Cun.

Di 15 -05:
Neu-Punkt 69

	Ju Bi, Chu Pi, Djü Bi.
	„Arm heben".
Lokalisation:	2 Cun kaudal von Di 15 -03, in der Verlängerung der vorderen Achselfalte nach kranial.
Indikationen:	Folgezustände nach Poliomyelitis.
Punktur:	senkrecht, 1—3 Cun.
Kommentar:	Siehe Di 15 ⎫ Dü 9 -1 ⎬ „3 Schulterpunkte". H 1 -02 ⎭

Dü 1 -01:
P. a. M. 102

	Xiao Gu Kong, Hsiao Ku Kung, Siau Gu Kung.
	„Höhlung des kleinen Knochens".
Lokalisation:	dorsal, im Mittelpunkt des Endgliedgelenkes des kleinen Fingers.
Indikationen:	Augenkrankheiten, Taubheit, Schmerzen der Fingergelenke.
Punktur:	Moxibustion.

Dü 2 -01:
P. a. M. 105

	Xiao Zhi Jie, Hsiao Chih Chieh, Siau Dsche Djiä.
	„Kleinfingergelenk".
Lokalisation:	Auf dem Handrücken, auf dem Capitulum des 5. Metakarpale.
Indikationen:	Chronische, langjährige Magenleiden.
Punktur:	Moxibustion.
Kommentar:	Die Indikationen wurden von jenen des Dü 1 und Dü 2 übernommen. Die Moxibustion bedeutet lediglich eine stärkere Anregung im Sinne der Tonisierung.

Dü 4 -01: Shang Huo Xi, Shang Huo Hsi, Schang Huo Hsi.
Neu-Punkt 63 „Surdidaspunkt".
Lokalisation: Zwischen Dü 3 und Dü 4, an der ulnaren Handkante.
Indikationen: Taubstummheit.
Punktur: senkrecht, 1—1,5 Cun.
Kommentar: Auch Dü 4 ist wieder der Iünn = Quellpunkt seines Meridians und steht über die Lo-Transversale mit dem Durchgangs- = Lo-Punkt des Herzmeridians = H 5 in Verbindung.
Dü 4 hat unter anderem die Indikationen: Tinnitus, Hypakusis, bei H 5 finden wir — plötzlich auftretende Stummheit unter seinen Indikationen.

H 4 -1: Ding Yu, Ting Shu, Ding Yü.
P. a. M. 113 „Zustimmungspunkt für Geschwüre".
Lokalisation: 4 Cun proximal vom ulnaren Ende der volaren Handgelenksquerfalte, auf dem Herzmeridian gelegen.
Indikationen: „Geschwüre".
Punktur: Moxibustion.
Kommentar: Schon bei Tsang finden wir, daß die „erhitzte Nadel" an H 4, dem King-Punkt des Meridians angewendet, hervorragende Resultate bei „Geschwüren" mit Kältegefühl in den Knochen bringen soll.

H 1 -01: Ye Ling, Yä Ling.
P. a. M. 125 „Seele der Achsel".
Lokalisation: 5 Fen kranial von der vorderen Achselfalte, bei herabhängendem Arm.
Indikationen: Psychische Erkrankungen, Schmerzen im Schulter-Arm-Bereich.
Punktur: senkrecht, 2—3 Cun.

H 1 -02: ist einer der „3 Schulterpunkte" Di 15, Dü 9 -1 und H 1 -02.

H 1 -03: Tian Ling, Tien Ling.
P. a. M. 126 „Seele des Himmels".
Lokalisation: 1 Cun proximal der vorderen Achselfalte, 5 Fen medial von H 1 -02.

Indikationen: wie H 1 -01.
Punktur: schräg, 2—3 Cun, die Nadel nach lateral führen.
Kommentar: Die Verwendung des Herzmeridians bei psychischen Störungen und Emotionen, bei depressiven Zuständen wie Angstgefühl, Prüfungs- u. Erwartungsangst, zur Überwindung von Hemmungen, Managerkrankheit, Konzentrations- und Gedächtnisschwäche — sind allgemein bekannt.

KS 8 -1: Shou Zhong Ping, Shou Chung Ping, Schou Dschung Ping.
P. a. M. 95
„Ebene der Handmitte".
Lokalisation: Im Mittelpunkt des Metakarpo-Phalangealgelenkes, an der Volarseite des Mittelfingers.
Indikationen: Stomatitis.
Kommentar: Die Indikation stammt von KS 8, bei dem wir Foetor ex ore, Plaques und Geschwüre der Mundhöhle finden.

KS 8 -01: Ya Tong, Ya Tung.
EXTRA 27
Neu-Punkt 60
„Zahnschmerzpunkt".
Lokalisation: Auf der Handfläche, zwischen Metakarpale 3 und 4, ein knappes Cun proximal von den Metakarpo-Phalangealgelenken.
Indikationen: Zahnschmerzen.
Punktur: senkrecht, 5 Fen.
Kommentar: KS 8 hat auch Angst und Hysterie unter seinen Indikationen. Es ist denkbar, daß der tiefe Stich in den Handteller von den Zahnschmerzen ablenkt.
Gingivitis und Alveolarpyorrhoe werden bei KS 8 unter den Pädriatischen Indikationen angeführt.

KS 8 -02: Pang Lao Kong, Pang Lao Kung, Pang Lau Gung.
P. a. M. 96
„Seitlich vom Palast der Mühen".
Lokalisation: 1 Cun radial von KS 8.
Indikationen: Tonsillitis.
Punktur: senkrecht, 3—5 Fen.

KS 7 -01: Nei Yang Chi, Nei Yang Chih, Nee Yang Tsche.
„Der innere Yang-Teich".

Lokalisation: 1 Cun distal vom Mittelpunkt der volaren Handgelenksquerfalte, auf der Handfläche.

Indikationen: Larynx- u. Pharynxschmerzen, Entzündungen der Mundhöhle, Krämpfe bei Kleinkindern.

Punktur: senkrecht, 3—5 Fen.

Kommentar: Alle diese Indikationen finden wir natürlich bei unserem Bezugspunkt KS 7, der als Iü-Iünn = Quellpunkt mit dem Lo = Durchgangspunkt seines gekoppelten Yang-Meridians, dem 3 E 5 in Verbindung steht.

KS 5 -1: Shou Jin Men, Shou Chin Men, Schou Djin Men.
P. a. M. 112 „Goldenes Tor der Hand".

Lokalisation: 3,5 Cun proximal vom Mittelpunkt der volaren Handgelenksquerfalte.

Indikationen: Skrophulose.

Punktur: senkrecht, 5 Fen — 1 Cun.

Kommentar: Bei unserem Bezugspunkt KS 5 finden wir: Angst vor Kälte und Wind, Frösteln, Energiemangel, Allgemeines Krankheitsgefühl. Symptome, die bei Tuberkulotoxikose bekannt sind.

KS 5 -2: Er Bai, Erh Pai, Öl Bai.
KS 5 -01: „Die 2 Weißen, Hellen".
EXTRA 24
Point curieux 21 Eul Po.
P. a. M. 114

Lokalisation: a) 4 Cun direkt oberhalb der Handgelenksquerfalte, an beiden Seiten der Sehne des M. flexor carpi radialis. 2 Punkte an der rechten und 2 Punkte an der linken Seite — so bei EXTRA 24 angeführt.
b) Es sind 2 Punkte, an der anterioren Seite des Unterarms, 4 Cun oberhalb der Handgelenksfalte und je 1 Cun neben KS 5 — so als Point curieux 21.
c) 4 Cun proximal vom Mittelpunkt der volaren Handgelenksquerfalte, ein Punkt liegt auf dem KS-Meridian, der andere radial von der Sehne — so als P. a. M. 114 lokalisiert.

Indikationen: Hämorrhoiden, Rektalprolaps, bei P. a. M. 114 auch Neuralgien des Unterarms.

Punktur:	Bei Points curieux: Moxa oder Punktur. Bei EXTRA 24: senkrecht, 5 Fen — 1 Cun.
Kommentar:	Bei dieser Punktekombination wird besonders deutlich, daß die Angaben bezüglich der Zahl und Lokalisation der Punkte von verschiedenen Autoren bzw. Schulen stammt. Die unter EXTRA 24 stammen aus Peking. Was die Indikation anlangt, werden diese verständlich, wenn man in Betracht zieht, daß der KS-Meridian mit dem Meridian der Leber das Tsiue-Yin bildet und andererseits mit dem 3-E-Meridian gekoppelt ist, an den er die „Energie", die er vom Nierenmeridian bekommt, im Sinne des Energiekreislaufes weitergibt.

KS 4 -1: EXTRA 23 P. a. M. 115	Bi Zhong, Pi Chung, Bi Dschung. „Armmitte".
Lokalisation:	a) Im Mittelpunkt einer Verbindungslinie, die in der Mitte des Unterarmes zwischen Ellbogengelenk- und Handgelenkfalte an der Innenseite verläuft. b) An der Beugeseite zwischen Radius und Ulna, in der Mitte der Verbindungslinie — Ellbogenbeugefalte und Handgelenksfaltenmitte.
Indikationen:	a) Paralyse der oberen Extremitäten, Thoraxschmerzen. b) zusätzlich: Neuralgie des Unterarmes, Hysterie.
Punktur:	senkrecht, 1—2 Cun, auch bis knapp unter die Haut der Dorsalseite des Unterarmes!!
Kommentar:	Die Indikationen sind typisch für den KS-Meridian und dessen Verlauf.

KS 4 -2: Neupunkt 64	Xi Shang, Hsi Shang, Hi Schang. „Oberhalb von KS 4".
Lokalisation:	3 Cun proximal von KS 4.
Indikationen:	Mastitis, Endokarditis, Erkrankungen der Herzklappen, Erkrankungen des Mediastinums.
Punktur:	senkrecht, 1—2 Cun.
Kommentar:	KS 3 und auch KS 4 haben die Indikationen: Endomyokarditis, Herzschmerzen, schwere Angina, hochfieberhafte Erkrankungen mit Exanthemen.

KS 2 -1: Neupunkt 68	Gong Zhong, Kung Chung, Gung Dschung. „Mitte des Oberarms".

Lokalisation:	2,5 Cun kaudal von KS 2.
Indikationen:	Erschwertes Armheben, Parese der oberen Extremitäten.
Punktur:	senkrecht, 1—3 Cun.

Lu 11 -:	San Shang, San Schang.
Lu 11 -01:	„Die 3 Händler".
Lu 11 -02:	
Point curieux 26 P. a. M. 99	Koae Ienn = „Teufelsauge". 2 Punkte, einer davon entspricht Lu 11.
Lokalisation:	Es handelt sich um 3 Punkte, wovon 2 je 1 Fen vom inneren und äußeren Nagelwinkel des Daumennagels entfernt gelegen sind (der alte und der junge Händler), während der 3. Punkt zwischen den beiden, in der Mitte des Daumennagel-Unterrandes, 1 Fen distal vom Rand entfernt, liegt. 1 Punkt ist identisch mit Lu 11.
Indikationen:	Febrile Infekte der Atemwege, Entzündungen der Mundhöhle und des Oropharynx, die das Schlucken erschweren, Parotitis. Als Point curieux 26. Sehr wirksam bei epileptischen Krisen, wenn mit Moxa behandelt wird.
Punktur:	punktieren, bluten lassen.
Kommentar zu Point curieux 26:	Auch hier wird ein 2. Punkt angegeben, allerdings am inneren Nagelwinkel der Großzehe = Le 1, ebenfalls mit der Indikation epileptische Krisen, wobei beide Punkte (Lu 11 u. Le 1) zugleich verwendet werden sollen.

Lu 11 -03: P. a. M. 91	Mu Zhu Jie Heng Wen, Mu Chih Chieh Heng Wen. Mu Dsche Djiä Heng Wen. „Daumengelenksquerfalte".
Lokalisation:	Im Mittelpunkt der volaren Querfalte des Daumenendgelenkes.
Indikationen:	Hornhauttrübung.
Punktur:	Moxibustion.

Lu 11 -04: P. a. M. 92	Feng Yan, Feng Yen, Fung Yän. „Phönixauge".
Lokalisation:	Am radialen Ende der volaren Querfalte des Daumenendgelenkes.

Indikationen:	Nachtblindheit, Unfähigkeit den Daumen zu strecken.
Punktur:	seicht, 1—2 Fen.

Lu 11 -05:	Ming Yan, Ming Yen, Ming Yän.
P. a. M. 93	„Klare Augen".
Hand-Punkt 4	
Lokalisation:	Am ulnaren Ende der volaren Querfalte des Daumenendgelenkes.
Indikationen:	a) Nachtblindheit, Konjunktivitis, Tonsillitis, Verdauungsstörungen der Kleinkinder. b) als Handpunkt 4 = Yan Dian = Augenpunkt: Konjunktivitis, Schmerzen, die durch Erkrankungen der Augen verursacht werden, Hordeolum, akute Keratitis, akutes Glaukom.
Punktur:	seicht, 1—2 Fen.
Kommentar:	Die das Auge betreffenden Indikationen des Lungenmeridians werden sofort verständlich, wenn man die Zusammenhänge überlegt. Der Lungenmeridian — (sein Organ macht die herangeführte Energie durch Sauerstoffaufnahme erst verwertbar und sorgt ebenso für die Entgiftung) — ist einerseits mit dem Meridian des Dickdarms — (Assimilierungs- und Ausscheidungsorgan) — gekoppelt, wie er andererseits mit dem MP-Meridian das Tae-Yin bildet. Der MP-Meridian wird in der Tradition für den „flüssigen Augeninhalt" und dessen Störungen verantwortlich gemacht. Auch in der Lehre der Entsprechungen steht der MP-Meridian für die „Feuchtigkeit", der Lungenmeridian für die „Trockenheit". Insofern muß der Tae-Yin eine ausgleichende Funktion zugeschrieben werden. Die Lokalisation — sprich Wertigkeit — des Ting-Punktes Lu 11 innerhalb dieses Systems entspricht dem entstehenden Yang, dem die Leber (Auge, Retina) als Organ zugeordnet wurde, womit der Kreis geschlossen ist.

Lu 10 -01:	Ban Men, Pan Men.
P. a. M. 98	„Das Tor", „Brettertor".
Lokalisation:	1 Cun medial von Lu 10.
Indikationen:	Tonsillitis, Laryngitis, Zahnschmerzen.
Punktur:	senkrecht, 5 Fen — 1 Cun.

Kommentar:	Bei Lu 10 finden wir hierzu: Trockene Kehle, Angina, Schluckbeschwerden sowie alle Störungen, die durch Alkoholgenuß bedingt sind.
Lu 10 -02: Point curieux 18 P. a. M. 100	Da Gu Kong, Ta Ku Kung, Da Gu Kung. „Höhlung des großen Knochens". Ta Kou Hong.
Lokalisation:	a) Bei gestrecktem Daumen an der Dorsalseite, in der Mitte des Metakarpo-Phalangealgelenkes in einem Grübchen. b) In der Mitte der Handrückenquerfalte des Daumenrückens.
Indikationen:	Augenkrankheiten, chronische Augenaffektionen. Bei Point curieux 18: „Membranen vor den Augen, Verdichtungen im Augeninneren".
Punktur:	Moxibustion.
Kommentar:	Bei dem Bezugspunkt Lu 10 finden wir: zunehmend schlechtes Sehen, Augenflimmern. Interessant ist, daß in der alten Literatur für diesen Punkt die Moxibustion verboten war. Er wurde 2 Fen tief gestochen.
Lu 5 -1: P. a. M. 116	Ze Xia, Tse Hsia, Dsee Hia. „Unter dem Teich".
Lokalisation:	2 Cun distal von Lu 5.
Indikationen:	Zahnschmerzen, Unterarmschmerzen, Furunkel der Hand und des Armes, Hämorrhoiden.
Punktur:	senkrecht, 1—1,5 Cun.
Lu 5 -01: P. a. M. 117	Ze Qian, Tse Chien, Dsee Tchien. „Vor dem Teich".
Lokalisation:	1 Cun distal von Lu 5, von hier 5 Fen nach medial.
Indikationen:	Paresen der oberen Extremitäten, Unterarmschmerzen, Struma parenchymatosa, Strumitis.
Punktur:	senkrecht, 1—1,5 Cun.

Untere Extremität

Wir haben bereits am Anfang der Beschreibung der Punkte der oberen Extremitäten bei der „Huit pervers" oder „8 Laster" genannten Punktekombination, auf eine ähnliche, jedoch an den Zehen gelegene hingewiesen. Es sind dies ebenfalls 8 Punkte, 4 an jedem Fuß.

P. a. M. 137
Point curieux 4

Ba Feng, Pa Feng, Ba Fung.
„Die 8 Winde".
Pa Fong

Lokalisation: Es sind je 4 Punkte auf jedem Fußrücken, jeweils zwischen den benachbarten Capitula metatarsalia. Zu ihnen gehören M 44 und Le 2.

Indikationen: Kopfschmerzen, Zahnschmerzen, Asthma bronchiale, Malaria, Menstruationsirregularität, Rötung und Schwellung des Fußrückens, Schlangenbiß.

Punktur: 5 Fen — 1 Cun, schräg, oder seicht stechen bis es blutet. Bei Point curieux 4: 1 Fen tief, oder Moxa.

Kommentar: Die Fernwirkungen erklären sich ganz einfach aus der Zugehörigkeit der Punkte M 44, dem Jong = hsing-Punkt, der unter anderem Malaria mit Schüttelfrösten und Appetitverlust, Zahnschmerzen besonders im Oberkiefer, Schneidezähne, Kopf- und Gesichtsschmerzen, besonders „die Haut" schmerzt, Fazialisparese sowie Dysmenorrhö auf seiner Indikationsliste aufweist.
Le 2 ist ebenfalls der Jong = hsing-Punkt und Dispersionspunkt seines Meridians. Auch hier ähnliche Indikationen, dazu noch Krampfhusten und manche andere für den Lebermeridian typische Indikation.

Le 1 -01:
P. a. M. 136

Mu Zhi Heng Li San Mao, Mu Chih Heng Li San Mao, Mu Dsche Heng Li San Mau.
„Die 3 Haare der Großzehe".

Lokalisation: Auf dem Großzehenrücken, etwas hinter dem Mittelpunkt des Unterrandes des Nagelbettes.

Indikationen: Nasenbluten, Magenschmerzen, Orchitis.

Punktur: senkrecht, 2—3 Fen.

Le 2 -01:
P. a. M. 131

Mu Zhi Li Heng Wen, Mu Chi Li Heng Wen, Mu Dsche Li Heng Wen.
„Querfalte der Großzehe".

Lokalisation:	Im Mittelpunkt der Querfalte der Großzehe, an der Fußsohle.
Indikationen:	Orchitis.
Punktur:	senkrecht, 2—3 Fen.

Le 9 -1:
Neu-Punkt 105

Hou Xue Hai, Hou Hsueh Hai, Hou Hüo Hai.
„Hinter MP 10".

Lokalisation:	Auf dem Lebermeridian, zwischen Le 8 und Le 9, in einer Höhe mit MP 10.
Indikationen:	„Scherenbein", Paraparesen, spastische Paralyse, M. Little.
Punktur:	senkrecht, 1—3 Cun.

Le 9 -01:
Neu-Punkt 106

Jie Jian, Chien Chien, Djiä Djiän.
„Scherenbeinlösend".

Lokalisation:	4 Cun kranial von Le 9 -1, zwischen den Verläufen des Leber- und Nierenmeridians.
Indikationen:	„Scherenbein", M. Little.
Punktur:	senkrecht, 1—3 Cun.

Le 10 -01:
Neu-Punkt 99

Jiao Ling, Chiao Ling, Djao Ling
„Geschickte Korrektur".

Lokalisation:	2 Cun unter Le 10.
Indikationen:	Restparesen nach Poliomyelitis, Hemiplegie, Cholezystopathie.
Punktur:	senkrecht, 1—3 Cun.
Kommentar:	Die anscheinend so entgegengesetzten Indikationen wie Orchitis und Morbus Little, sind einfach zu erklären, wenn man den Verlauf des Lebermeridians, der vom Punkt Le 11 die Genitalorgane umfließt, um dann mit KG 2, 3 und 4 Verbindung aufzunehmen, überlegt sowie seinen inneren Verlauf ab Le 14 über die Organe Leber, Gallenblase, dann das Zwerchfell passierend, über die innere Thoraxwand zur Kehle aufsteigt, um über das Kinn ziehend die Augen zu erreichen, von wo er, über der Stirn wiedererscheinend, sich schließlich am Punkt LG 20 mit dem Tou Mo vereinigt. LG 20 entspricht etwa dem obersten Anteil des Gyrus praecentralis — also den motorischen Reizarealen für die unteren Extremitäten.

N 1 -01:	Qian Hou Yin Zhu, Chian Hou Yin Chu, Tchien Hou Yin Dschu.
-01:	
P. a. M. 132	„Vordere und hintere versteckte Perle".
Lokalisation:	2 Punkte an der Fußsohle, je 5 Fen vor und hinter N 1.
Indikationen:	Schmerzen an der Fußsohle, Krämpfe der unteren Extremitäten, Furunkel an den Beinen, Hypertonie, Tachykardie.
Punktur:	senkrecht, 3—5 Fen.

N 1 -02:	Zu Xin, Tsu Hsin, Dsu Hin.
P. a. M. 133	„Fußsohlenmitte".
Lokalisation:	1 Cun hinter N 1.
Indikationen:	Hypermennorrhö, Kopfschmerzen, Spasmen der Unterschenkelmuskulatur.
Punktur:	senkrecht, 5 Fen — 1 Cun.

N 1 -03:	Li Nei Ting, Li Nee Ting.
P. a. M. 130	„Der untere Innenhof".
Lokalisation:	In einer Vertiefung, vor dem 2. und 3. Metatarsophalangealgelenk, an der Fußsohle.
Indikationen:	Zahnschmerzen, Epilepsie.
Punktur:	senkrecht, 3—5 Fen.
Kommentar:	Die Indikationen wurden alle von N 1 = Iong Tsiuann = „Sprudelnde Quelle", dem Ting und zugleich Dispersionspunkt des N-Meridians übernommen. Dort finden wir unter anderem: Schmerzen in den Zehen, der Füße, der Unterschenkel, kalte Füße, „rastlose Füße", ebenso extrem starke Kopfschmerzen, Epilepsie, Zahn- und Kieferknochen-Schmerzen, Ante- und Retroflexio sowie Ptose des Uterus, Herzerkrankungen mit Schmerzen und Palpitationen.

N 3 -01:	Shang Xi, Shang Hsi, Schang Hi.
Neu-Punkt 87	„Über Tai Xi = Trae Tsri = Tae Ki = Tai Hsi".
Lokalisation:	5 Fen oberhalb von N 3 (nach BISCHKO) = N 5 nach neuchinesischer Literatur.
Indikationen:	Folgezustände nach Poliomyelitis, Supination.
Punktur:	senkrecht, 5 Fen — 1 Cun.
Kommentar:	Die Bedeutung des Punktes ist zwar sehr gering, er gehört zu den zahlreichen Punkten die gegen Folgezustände nach Kinderlähmung angegeben werden. Dagegen ist

die Lokalisationsangabe um so schwieriger, wenn man bedenkt, daß es schon zu BACHMANNs Zeiten nicht weniger als 6 verschiedene „Verläufe" des Nierenmeridians in der Knöchelgegend gab. Man muß sich daher an die chinesischen Namen der Punkte halten und deren je nach Autor verschiedene Numerierung als sekundär betrachten.

N 6 -01:	Tai Yin Qiao, Tai Yin Chiao, Tai Yin Tchiau.
P. a. M. 140	„Erreger des großen Yin".
Lokalisation:	In einer Vertiefung unterhalb des medialen Knöchels.
Indikationen:	Irreguläre Menstruation mit übermäßig starker Blutung, Fluor albus, Uterusprolaps, Sterilität der Frau, Unterbauchschmerzen, Augen- und Zahnschmerzen.
Punktur:	senkrecht, 3—5 Fen.
N 6 -02:	Nei Huai Jian, Nai Huai Chien, Nee Huai Djiän.
P. a. M. 146	„Innere Knöchelspitze".
Point curieux 23	Nei Lo Tsim = „Spitze des inneren Knöchels".
Lokalisation:	Auf der Spitze des inneren Knöchels.
Indikationen:	Bei P. a. M. 146: Zahnschmerzen, Tonsillitis, Spasmus am Innenfuß.
	Bei Point curieux 23: Zahnschmerzen, Krämpfe der Füße.
Punktur:	Moxibustion.
N 7 -01:	Cheng Ming, Tscheng Ming.
P. a. M. 149	„Den Befehl entgegennehmen".
Lokalisation:	ca. 1 Cun proximal von N 7.
Indikationen:	Beinödem, Epilepsie, psychische Erkrankungen.
Punktur:	senkrecht, 1,5—2 Cun.
Kommentar:	Die Indikationen der Punkte N 6 -01, 02 und N 7 -01 entsprechen jenen, die wir für die Punkte N 6 = Tchao Hae = „Leuchtendes Meer", dem Kardinalpunkt für Yin Tsiao Mo = Yin Keo und N 7 = Fou Leou = „Hinterer Abfluß", dem King und zugleich Tonisierungspunkt des Nierenmeridians, kennen.
	Lediglich zur Indikation — psychische Erkrankungen — wäre zur Erklärung zu erwähnen, daß zum Formenkreis des Wassers (Niere, Blase), die Angst, das Entsetzen gehören. Anderseits hat die „Feuerniere", damit ist die Nebenniere gemeint, Einfluß auf konstitutionelle ererbte Faktoren der Persönlichkeitsstruktur.

MP 5 -1:	Zhi Zhuan Jin, Chih Chuan Chin, Dsche Dschuan Djin.
P. a. M. 147	„Therapie der Sehnenzehrung".
Lokalisation:	Zwischen MP 5 und MP 6, oberhalb des Oberrandes des inneren Knöchels.
Indikationen:	Spasmen im tendino-muskulären Bereich dieser Region, Kreuzschmerzen.
Punktur:	Moxibustion.

MP 6 -1:	Jui Wai Fan 1, Chiu Wai Fan 1, Djiu Uai Fan.
Neu-Punkt 89	„Korrektur der Supination".
Lokalisation:	5 Fen distal von MP 6, auf dem MP-Meridian.
Indikationen:	Folgezustände nach Poliomyelitis, Supination.
Punktur:	senkrecht, 1—2 Cun.

MP 6 -2:	Gan Yan, Kan Yen, Gan Yän.
Neu-Punkt 88	„Hepatitis".
Lokalisation:	1 Cun distal von MP 6, auf dem MP-Meridian.
Indikationen:	„Hepatitis".
Punktur:	senkrecht, 1—2 Cun.

MP 6 -3:	Shao Yang Wei, Schau Yang Vee.
P. a. M. 148	„Erhaltung des kleineren Yang".
Lokalisation:	Knapp 1,5 Cun distal von MP 6, auf dem MP-Meridian.
Indikationen:	Chronische Ekzeme des Unterschenkels — bei Phlebothrombosen etc. Parese der unteren Extremitäten.
Punktur:	schräg, 5 Fen — 1 Cun.

MP 7 -1:	Jiao Yi, Chiao Yi, Djiau I.
P. a. M. 150	„Geschenkaustausch".
Lokalisation:	ca. 1 Cun unter MP 7, auf dem MP-Meridian.
Indikationen:	Unregelmäßige Menstruation, Unterbauchschmerzen, Flour albus, Harninkontinenz, Störungen der Diurese.
Punktur:	senkrecht, 1,5—2 Cun.
Kommentar:	Alle vorherigen Indikationen ergeben sich aus der Lokalisation der Punkte innerhalb der Kreuzungszone der 3 Yin-Meridiane der Füße, wo MP 6, N 8 und Le 5 so knapp beieinander liegen, daß sie bei vielen Autoren — den Erfahrungen der Praxis gemäß — zwar als Punkt des jeweiligen Meridians, aber mit gemeinsamen Indikationen beschrieben werden.

MP 8 -1:	Di Jian, Ti Chien, Di Djiän.
Neu-Punkt 90	„Gesunder Gang".
Lokalisation:	1 Cun unterhalb MP 8.
Indikationen:	Folgezustände nach Poliomyelitis, (Supination).
Punktur:	senkrecht, 1—3 Cun.

MP 10 -1:	Bai Chong Wo, Pai Chung Wo, Bai Tschung Vo.
P. a. M. 163	„Nest der 100 Würmer".
Point curieux 33	Pae Tchong Lo = „100 schwarze Nester".
Lokalisation:	a) 1 Cun oberhalb MP 10. b) 3 Cun oberhalb des Kniegelenkes, an der Innenseite des Oberschenkels.
Indikationen:	Als P. a. M. 163: Urtikaria, Ekzeme. Als Point curieux 33: Eiterungen an den unteren Partien des Körpers.
Punktur:	Bei P. a. M. 163: senkrecht, 2—3 Cun. Bei Point curieux 33: 0,5 Cun tiefer Stich oder Moxibustion.

MP 10 -01:	Zu Ming, Tsu Ming, Dsu Ming.
P. a. M. 162	„Helle, Glanz, des Fußes".
Lokalisation:	An der Innenseite des Oberschenkels, in der „Gefäßfurche" in der Höhe von MP 10, zwischen MP- und Lebermeridian.
Indikationen:	Kniegelenksentzündung, Kindbettfieber.
Punktur:	senkrecht, 2—3 Cun.

MP 10 -02:	Zu Luo, Tsu Luo, Dsu Luo.
P. a. M. 164	„Fußnetz".
Lokalisation:	Innenseite des Oberschenkels, „Gefäßfurche" zwischen MP- und Lebermeridian, 1,5 Cun über MP 10 -01.
Indikationen:	Kindbettfieber, Menstruationsirregularität, Kniegelenksentzündung, Krämpfe in den Beinen.
Punktur:	senkrecht, 2—3 Cun.

MP 10 -03:	Da Lun, Ta Lun, Da Luen.
P. a. M. 161	„Großes Rad".
Lokalisation:	Am oberen Rand des Epicondylus tibialis femuris.
Indikationen:	Kindbettfieber, Kniegelenksentzündung.
Punktur:	senkrecht, 2—3 Cun.

MP 10 -04:	Liao Liao, Liau, Liau.
P. a. M. 160	„Die Grube, das Becken".
Lokalisation:	An der medialen Seite des Kniegelenkes, auf dem höchsten Punkt des Epicondylus tibialis femuris.
Indikationen:	Unregelmäßige Menstruation, Hypermenorrhö, „Geschwüre" an der Innenseite des Beines.
Punktur:	schräg, 1—1,5 Cun.

MP 11 -1:	Qi Xia, Chi Hsia, Tchi Hia.
Neu-Punkt 95	„Unterhalb von MP 11".
Lokalisation:	2 Cun unter MP 11, auf dem MP-Meridian.
Indikationen:	Paralyse der unteren Extremitäten, keine Kraft, das Bein zu heben.
Punktur:	1—3 Cun.
Kommentar:	Zu MP 8 -1 bis MP 11 -1.

Wenn wir die Indikationen in *lokale* (Kniegelenksentzündung, Folgezustände nach Poliomyelitis) und in *überregionelle* (Kindbettfieber, Menstruationsstörungen, Urtikaria, Ekzeme etc.) gliedern, ergeben sie sich zwangsläufig aus dem Verlauf des Meridians und aus seiner Wirkung, besonders bei Schwäche des Bindegewebes und auf das innere weibliche Genitale.

In der Tradition entspricht das Organsystem Milz-Magen der „Feuchtigkeit", es regiert das „weiche" Gewebe und der MP-Meridian gilt als „Schlüssel" für die Therapie des Genitalapparates. Er reanimiert die sexuelle und genitale Energie, reguliert den Zyklus und gleicht Menopausebeschwerden aus.

Die Milz regiert die Sexualität, durch ihre Eigenschaft zu erzeugen, Form zu kreieren — Entstehung neuen Lebens, Synthese. Sie symbolisiert also die Realisation der Sexualität, gelegentlich durch Schwangerschaft, gewöhnlich jedoch durch den Ablauf des Menstruationszyklus.

M 43 -01:	Pang Gu, Pang Ku.
Neu-Punkt 76	„Seitlich von M 43".
Lokalisation:	Am Dorsum pedis, in Höhe von M 43, jedoch zwischen den Metakarpalia III und IV.

Indikationen: Folgezustände nach Poliomyelitis.
Punktur: schräg, 5—8 Fen.

M 41 -1:
Neu-Punkt 78

Nao Qing, Nao Ging, Nou Tching.
„Klarer Kopf".

Lokalisation: 1,5 Cun kranial von M 41, am Außenrand der Tibia, auf dem Magenmeridian.

Indikationen: Schlafsucht, Schwindel, Vergeßlichkeit, Folgezustände nach Poliomyelitis, besonders Peroneuslähmung.

Punktur: senkrecht, 5—8 Fen.

Kommentar: Die überregionalen Indikationen von M 41 -1 — Schlafsucht, Schwindel und Vegeßlichkeit — wurden von jenen des Bezugspunktes M 41 = Jie Xi = „Mulde des Schienbeines", dem King-Punkt und zugleich Tonisierungspunkt des Magenmeridians übernommen.

M 37 -1:
EXTRA 33
P. a. M. 142

Lan Wei, Lan Vee.
„Appendix".

Lokalisation: 2 Cun unter M 36, etwas näher zu M 37, auf dem Magenmeridian (ein Punkt, der bei Appendikopathie oft deutlich empfindlich wird).

Indikationen: Akute und chronische Appendizitis, Kolitis, Gastralgie, Paralyse der unteren Extremitäten.

Punktur: senkrecht, 1—2 Cun.

Kommentar: „Appendix" bezeichnet bereits die Hauptindikationen dieses Punktes. Er wird sowohl diagnostisch verwendet, — seine Empfindlichkeit gilt als positives klinisches Zeichen im Rahmen der Symptome, besonders der chronischen und subakuten Formen der Appendizitis — als auch und das fast nur bei stationären Patienten, therapeutisch.
Als kritische Grenzen gelten: Keine starke Défense, Temperatur rektal unter 38, Leukozytenzahl unter 16 000, keine peritonealen Reizerscheinungen.
Unter diesen Aspekten gelang es, wie aus China berichtet wird, unter Benützung dieses Punktes, wobei die Nadeln lange Zeit belassen und immer wieder stimuliert werden, in über 80 % der Fälle die Appendizitis innerhalb von 48 Stunden zum Abklingen zu bringen.
Für unsere Verhältnisse kommt wohl nur die diagnostische Bedeutung des Punktes in Frage.

Der Zusammenhang zwischen M 37 -1 und seiner oben beschriebenen Wirkung ergibt sich daraus, daß der Punkt M 37 = Shang Ju Xu = Ku Sing Chang Lienn, als Ho-Punkt für den Dickdarm gilt, d. h. daß von ihm aus direkt auf das Hohlorgan eingewirkt werden kann, wie auch seine Indikationen — Bauchschmerzen, Verdauungsstörungen, Meteorismus, Durchfälle — zeigen.

M 36 -1: Wan Li, Uan Li.
Neu-Punkt 80 „10 000 Li".
Lokalisation: 5 Fen unter M 36.
Indikationen: Augenkrankheiten.
Punktur: senkrecht, 2—3 Cun.

M 36 -2: Zu Zhong Ping, Tsu Chung Ping, Dsu Dschung Ping.
P. a. M. 143 „Ebene der Fußmitte".
Lokalisation: 1 Cun unter M 36.
Indikationen: Psychische Erkrankungen.
Punktur: senkrecht, 3—4 Cun!

M 36 -3: Li Shang, Li Schang.
Neupunkt 82 „Oberhalb von M 36".
Lokalisation: 1 Cun oberhalb von M 36.
Indikationen: Folgezustände nach Poliomyelitis, der Punkt soll auch die Durchblutung der unteren Extremitäten verstärken.
Punktur: senkrecht, 1—2 Cun.

Kommentar: zu M 36 -1 bis M 36 -3:
Alle Indikationen finden wir bei M 36 = Tsu San Li, dem Ho-Punkt des Meridians, einem der wichtigsten „Universalpunkte" der Akupunktur überhaupt, als welchen ihn seine schmückenden Beinamen — „Großer Heiler der Füße", „Göttlicher Gleichmut", „Asiatische Ruhe" — ausweisen.
Aus diesen blumenreichen Umschreibungen läßt sich die Wirkung des Punktes auf Physis und Psyche herauslesen. Die Erklärung dafür, nach der traditionellen Ansicht, ist, daß M 36 als Ho-Punkt einerseits direkt auf das Organ Magen einwirkt, und da es sich um einen Yang-Meridian handelt, mehr im Sinne des „Feuers" der Aktivierung, einerseits der komplexen Verdauungsvorgänge des Ma-

gens — dadurch bessere Ausnützung der Nahrung, — andererseits aufhellend auf psychische Störungen, so daß eine physische und psychische Eutonisierung bei indiziertem Einsatz des Punktes erreicht werden kann.

M 35 -01: Qi Xia, Hsi Hsia, Tchi Hia.
P. a. M. 144 „Unter dem Knie".
Lokalisation: Unter der Kniescheibe, auf dem Ligamentum patellae.
Indikationen: Schmerzen im Tibiabereich, Spasmen der angrenzenden Muskulatur.
Punktur: Moxibustion.

M 35 -: Qi Yan, Hsi Yen, Tchi Yän.
M 35 -02: „Auge des Knies".
EXTRA 32 Xiyan.
Point curieux 35 Chap Ienn.
P. a. M. 145
Lokalisation: a) Es sind dies 2 Punkte, die beiderseits des Apex patellae in einer Vertiefung liegen. Der laterale Punkt ist identisch mit M 35 = Tou Pi = „Kalbsnüstern".
b) Bei EXTRA 32: Die Xiyan-Punkte liegen am medialen und lateralen Foramen des Ligamentum patellae. Knie beugen lassen.
c) Bei Point curieux 35: Der Punkt liegt an der anterioren Seite des Knies, auf der Höhe des Gelenkspaltes, am Innenrand des Ligamentum patellae. Wenn das Knie etwas gebeugt wird, kann man eine Höhlung tasten, daher der Name „Knieauge". Der Punkt ist symmetrisch zum M 35, der am äußeren Rand des Ligamentums liegt.
Indikationen: Kniegelenksbeschwerden, Kniegelenksentzündung, bei Point curieux 35 auch gegen Ischias.
Punktur: schräg, 7 Fen — 1 Cun, oder von einem zum anderen Punkt durchstechen!
Kommentar: M 35 hat die Indikationen: Schmerzen im Knie mit Sensibilitätsstörungen, „wenn sich der Kranke niedergekniet hat, kann er kaum mehr aufstehen", Rheuma, Hydrops des Kniegelenkes, Unterschenkelödeme, die durch „Feuchtigkeit" entstanden sind (zum Organ-System Magen — MP gehört in der Überlieferung die „Feuchtigkeit" als kosmische Energie).
Gegen Kniebeschwerden wird die Kombination M 35, M 36 und MP 6 besonders empfohlen.

M 35 -03: He Ding, He Ting, Ho Ding.
EXTRA 31 „Reiherdach".
P. a. M. 156

Lokalisation: Über der Mitte des Oberrandes der Patella in einer Vertiefung, bei gebeugtem Knie.

Indikationen: Kniegelenksschmerzen, Kraftlosigkeit der Beine, Lähmung der unteren Extremitäten.

Punktur: senkrecht oder schräg, 5 Fen — 1 Cun.

Kommentar: Bei diesem und den vorhergehenden Punkten sei an eine ähnliche, von BACHMANN angegebene Punktekombination zur unterstützenden lokalen Behandlung von Kniegelenksbeschwerden erinnert.

M 34 -01: Kuan Gu, Kuan Ku.
01: „Hüftknochen".
P. a. M. 157

Lokalisation: Es sind 2 Punkte, die jeweils 1,5 Cun links und rechts von M 34 gelegen sind.

Indikationen: Kniegelenksschmerzen, Beinschmerzen.

Punktur: senkrecht, 1,5—2 Cun tief.

M 33 -01: Jian Qi, Chien Hsi, Djiän Tchi.
Neu-Punkt 93 „Gesundes Knie".

Lokalisation: 3 Cun oberhalb des Mittelpunktes des oberen Patellarandes, bei gebeugtem Knie.

Indikationen: Kniegelenksentzündung, Paralyse und Kraftlosigkeit der unteren Extremitäten.

Punktur: senkrecht oder schräg, 1—2 Cun.

Kommentar: zu M 34 -01, und M 33 -01:
Hier handelt es sich um die schon von den distaler gelegenen Punkten des Magenmeridians her bekannten, mehr loko-regionalen Indikationen.

M 32 -1: Shen Xi, Shen Hsi, Schen Hsi.
P. a. M. 158 „Nierensystem".

Lokalisation: 1 Cun unter M 32.

Indikationen: Zuckerkrankheit.

Punktur: senkrecht, 1,5—2 Cun.

Kommentar: Die scheinbar etwa ausgefallene Indikation für diesen Punkt ergibt sich von selbst, wenn man den gekoppelten

Yin-Meridian des Magens, nämlich den MP-Meridian zur Erklärung heranzieht.

Außerdem ist der Punkt M 32 ein Reunionspunkt für Arterien und Venen, also für eine allgemein bessere Durchblutung, besonders in seinem und im Bereich des MP-Meridians.

Überdies hat der benachbarte Punkt M 33 = Yin Seu folgende, dieses Kapitel betreffende Indikationen: Großer Durst, Diabetes, Aszites, Schmerzen im Oberbauch, Geschwülste, Völlegefühl, geblähtes Abdomen mit Schwächezuständen.

M 32 -01:
Neu-Punkt 96
Xin Fu Tu, Hsin Fu Tu, Hin Fu Tu.
„Neuer Fu Tu = M 32".

Lokalisation: 5 Fen lateral von M 32.

Indikationen: Gonarthritis, Parese der unteren Extremitäten.

Punktur: senkrecht, 2—3 Cun.

M 32 -02:
Neu-Punkt 94
Si Qiang. Szu Chiang, Se Tschiang.
„4 Mächte".

Lokalisation: 4,5 Cun oberhalb des Mittelpunktes des oberen Patellarandes.

Indikationen: Parese und Paralyse der unteren Extremitäten.

Punktur: senkrecht, 2—2,5 Cun.

M 31 -1:
Neu-Punkt 98
Mai Bu, Mai Pu.
„Schreiten".

Lokalisation: 2,5 Cun unter M 31, auf dem Magenmeridian.

Indikationen: Paresen der unteren Extremitäten.

Punktur: senkrecht, 1—3 Cun.

M 31 -2:
P. a. M. 159
Guan Tu, Kuan Tu.
„Hasensperre".

Lokalisation: Im Mittelpunkt einer Verbindungslinie zwischen M 32 = Fu Tu = „Kauernder Hase" und M 31 = Pi Koann = Bi Guan = „Grenze der Hüfte".

Indikationen: Hüftschmerzen, Magenschmerzen, Enteritis.

Punktur: senkrecht, 1,5—2 Cun.

Kommentar: Auch hier wieder die Zweiteilung in eher tendino-muskuläre, dem Meridianverlauf an der Extremität entsprechende und in Indikationen, welche dem tiefen Verlauf zum Hohlorgan gerecht werden, wie bei M 31 -2.

G 38 -01:
Neu-Punkt 79

Jing Xia, Ching Hsia, Djing Hia.
„Schienbein unten".

Lokalisation: 3 Cun oberhalb des äußeren Knöchels, am Vorderrand der Fibula.

Indikationen: Folgezustände nach Poliomyelitis, Peroneuslähmung.

Punktur: senkrecht, 5 Fen — 1,5 Cun.

Kommentar: G 38 = Yang Fou = „Unterstützung des Yang" ist sowohl der Sedativpunkt, als auch der King-Punkt des Meridians, der loko-regional bei heftigen Schmerzen an der Außenseite der unteren Extremitäten, aber auch bei Kniegelenks- und Hüftschmerzen sowie bei im ganzen Körper herumziehenden Schmerzen verwendet wird.

G 34 -1:
EXTRA 35
P. a. M. 152

Dan Nang Dian, Tan Nang Tien, Dan Nang Diän.
„Gallenblasenpunkt".

Lokalisation: 0,5 Cun unter G 34, auf dem G-Meridian.

Indikationen: Akute und Chronische Cholezystitis, Cholelithiasis, Askariden in den Gallenwegen.

Punktur: senkrecht, 2—3 Cun.

G 34 -01:
Neu-Punkt 81

Li Wai, Li Uai.
„Außerhalb von Tsu San Li = M 36".

Lokalisation: Knapp unterhalb und vor G 34, zwischen Tibia und Fibula gelegen.

Indikationen: Folgezustände nach Poliomyelitis (der Punkt hat reaktivierende Wirkung auf die Muskelkraft).

Punktur: senkrecht, 1—2 Cun.

G 34 -2:
Neu-Punkt 92

Ling Xia, Ling Hsia, Ling Hia.
„Unterhalb von G 34".

Lokalisation: 2 Cun unter G 34, auf dem G-Meridian.

Indikationen:	Taubheit, Cholezystopathie, Askariasis der Gallenwege.
Punktur:	senkrecht, 1—2 Cun.

G 34 -02:
EXTRA 34
P. a. M. 153

	Ling Hou.
	„Hinter dem Hügel".
Lokalisation:	a) Unter dem Hinterrand des Capitulum fibulae, in einer Vertiefung, in Höhe von G 34.
	b) Hinter und unter dem Fibulaköpfchen.
Indikationen:	Parese der unteren Extremitäten, Gonarthralgien, Ischias.
Punktur:	senkrecht, 2—3 Cun.

G 34 -03:
P. a. M. 154

	Ling Hou Xia, Ling Hou Hsia, Ling Hou Hia.
	„Unter und hinter dem Hügel".
Lokalisation:	5 Fen unter G 34 -02.
Indikationen:	Ischias, Gonarthragien.
Punktur:	senkrecht, 2—3 Cun.

G 34 -04:
Neu-Punkt 91

	Zu Yi Cong, Tsu Yi Chung, Dsu I Tsung.
	„Punkt der Taubheit am Fuß".
Lokalisation:	3 Cun distal vom Capitulum fibulae, am Hinterrand der Fibula.
Indikationen:	Taubheit.
Punktur:	senkrecht oder etwas schräg nach aufwärts, am Hinterrand der Fibula, 1,5—3 Cun tief.
Kommentar:	Alle Indikationen der Neupunkte und P. a. M. leiten sich von jenen unseres Bezugspunktes G 34 = Yang Ling, Tsiuann = „Quelle des Yang-Hügels", dem Ho-Punkt des Meridians, der als „Meisterpunkt" für die Muskulatur bekannt ist, ab.
	Von ihm aus kann sowohl direkt auf das Hohlorgan Gallenblase bzw. das Gallen- und Lebersystem eingewirkt werden, als auch auf alle Störungen und Affektionen der Muskulatur.
	In dieser Eigenschaft wird er regional als Peroneustestpunkt verwendet.
	Seine psychische Wirkung erstreckt sich tonisierend auf Psychasthenien und Angstgefühl, sedierend vor allem auf die explosive Wut.
	Im sexuellen Bereich durch den Anteil des Wollens an der muskulären sexuellen Aktivität, die durch die Leber gesteuert wird.

G 33 -1:	Cheng Gu, Cheng Ku, Tscheng Gu.
P. a. M. 165	„Ausgewachsener Knochen" (Epicondylus femuris).
Lokalisation:	Am höchsten Punkt des Epicondylus femuris lateralis, auf dem G-Meridian.
Indikationen:	Kreuzschmerzen, Gonarthralgien.
Punktur:	seicht, bis es blutet.

G 33 -2:	Shang Yang Guan, Shang Yang Kuan, Schang Yang Guan.
Neu-Punkt 108	„Oberhalb von G 33".
Lokalisation:	1 Cun kranial von G 33.
Indikationen:	Folgezustände nach Poliomyelitis.
Punktur:	senkrecht, 1—2 Cun.

G 33 -01:	Hou Yang Guan, Hou Yang Kuan.
Neu-Punkt 107	„Hinter G 33".
Lokalisation:	1 Cun dorsal von G 33.
Indikationen:	Kniegelenksschmerzen, Paralyse der unteren Extremitäten.
Punktur:	senkrecht, 1—2 Cun.

G 33 -02:	Yin Wei 2, Yin Vee 2.
P. a. M. 167	„Yin-Beugung 2".
Lokalisation:	2 Cun oberhalb des äußeren Endes der Kniegelenksquerfalte.
Indikationen:	Psychische Erkrankungen, hysterische Lähmung.
Punktur:	senkrecht, 3—4 Cun!

G 33 -03:	Yin Wei 1, Yin Vee 1.
P. a. M. 166	„Yin-Beugung 1".
Lokalisation:	1 Cun oberhalb des äußeren Endes der Kniegelenksquerfalte.
Indikationen:	Psychische Erkrankungen, hysterische Lähmung.
Punktur:	senkrecht, 3—4 Cun!

G 33 -04:	Yin Wei 3, Yin Vee 3.
P. a. M. 168	„Yin-Beugung 3".
Lokalisation:	3 Cun oberhalb des äußeren Endes der Kniegelenksquerfalte.

Indikationen: Psychische Erkrankungen, hysterische Lähmung.
Punktur: senkrecht, 3—4 Cun!

G 33 -05:
P. a. M. 169
Si Lian, Szu Lian, Se Liän.
„Die 4 Verbindungen".
Lokalisation: 4 Cun oberhalb des äußeren Endes der Kniegelenksquerfalte.
Indikationen: Psychische Erkrankungen.
Punktur: senkrecht, 3—4 Cun!

G 33 -06:
P. a. M. 170
Wu Ling, U Ling.
„Die 5 Seelen".
Lokalisation: 5 Cun oberhalb des äußeren Endes der Kniegelenksquerfalte.
Indikationen: Psychische Erkrankungen.
Punktur: senkrecht, 3—4 Cun!

G 33 -07:
P. a. M. 171
Ling Bao, Ling Pao, Ling Bau.
„Schätze der Seele".
Lokalisation: 6 Cun oberhalb des äußeren Endes der Kniegelenksquerfalte.
Indikationen: Psychische Erkrankungen.
Punktur: senkrecht, 3—4 Cun tief!
Kommentar: Die Punkte G 33 -1 bis G 33 -07 weisen die bekannten loko-regionalen Indikationen, wie Gonarthralgien, Ischias etc. auf. Ihre Wirkung auf den psychischen Bereich ergibt sich daraus, daß der Punkt G 32 = Tchon Tou = „Mittlere Furche" (5 Cun oberhalb der Kniegelenksfalte in einer Vertiefung der Muskulatur gelegen) mit den Yin-Meridianen des Oberschenkels kommuniziert. Er gilt daher auch als zweiter Lo-Durchgangspunkt des G-Meridians. So kann von dieser Zone aus (zwischen G 32 und G 33), auch auf die psychischen Wirkeigenschaften, vor allem des Lebermeridians, Einfluß genommen werden. Also auf Ärger, Zorn, Wut, Nachdenken, Grübeln, Sorge und auch auf Angst und Entsetzen.
Typisch wieder der extrem tiefe Stich, der konsequent bei psychischen Indikationen gefordert wird.
Schon in der Ming-Zeit wurde der Gallenblase ein direkter Einfluß auf die Bau- und Wehrenergie zugeschrieben. Hierfür sprechen auch die ihr zugeordneten Traummoti-

ve: „Man kämpft und streitet, man öffnet sich den Leib" im Sinne der Aggression gegen die Umgebung und schließlich gegen sich selbst.

G 31 -1: Shang Feng Shi, Shang Feng Shih, Schang Fung Sche.
Neu-Punkt 109 „Oberhalb von G 31".
Lokalisation: 2 Cun kranial von G 31, auf dem Meridian der Gallenblase.
Indikationen: Folgezustände nach Poliomyelitis, Halbseitenlähmung, Ischiadikusneuralgie.
Punktur: senkrecht, 1—2 Cun.

G 31 -2: Qian Jin, Chien Chin, Tschiän Djin.
Neu-Punkt 110 „Vorwärts".
Lokalisation: 2,5 Cun oberhalb von G 31, auf dem Gallenblasenmeridian.
Indikationen: Folgezustände nach Poliomyelitis.
Punktur: senkrecht, 1—2,5 Cun.

G 31 -01: Qian Feng Shi, Chien Feng Shih, Tschiän Fung Sche.
Neu-Punkt 97 „Vor der G 31".
Lokalisation: 2 Cun ventral von G 31.
Indikationen: Paralyse der unteren Extremitäten, Kraftlosigkeit beim Heben des Beines, Durchblutungsstörungen der unteren Extremitäten.
Punktur: senkrecht, 1—3 Cun.
Kommentar: G 31 = Fong Seu = „Stadt des Fong, des Windes", dort an der Außenseite des Oberschenkels gelegen, wo man in „Habt-Acht-Stellung" mit der Spitze der Mittelfinger den Oberschenkel berührt, hat ähnliche Indikationen.
Der Kranke verspürt eine große Schwäche im Knie und in den Beinen, nachdem „Wind und Feuchtigkeit" als pathogene Energien eingewirkt haben und rheumatische Beschwerden hervorrufen.
Es sei nochmals an den engen Zusammenhang des Organsystems Leber-Gallenblase mit dem Muskel- und Sehnenapparat und dessen Funktionen erinnert.

B 67 -01:   Xiao Zhi Jian, Hsiao Chih Chien, Siau Dsche Djiän.
P. a. M. 135   „Kleinzehenspitze".
Lokalisation: An der Spitze der kleinen Zehe.
Indikationen: Schwere Geburt, Kopfschmerzen, Schwindelgefühl.
Punktur: senkrecht, 1—2 Fen.
Kommentar: B 67 = Tche Yin = „Ankunft des Yin", der Ting-Punkt und zugleich Tonisierungspunkt seines Meridians, „regiert" schon in der alten Literatur alle Affektionen die den Kopf betreffen, — wie Kopfschmerzen, Benommenheit etc. Ebenso wurde seine Wirkung bei anormalen Entbindungen folgendermaßen definiert: Spezialpunkt für schwierige Geburten, wenn z. B. die Hand in der Vulva erscheint und nun der Geburtsvorgang stockt, soll man nicht zu viel Zeit mit vergeblichen Versuchen die Austreibung zu beschleunigen, verlieren, sondern den Punkt B 67 punktieren, noch besser moxen, und der gewünschte Effekt wird sogleich eintreten.

B 62 -01:   Shi Mian, Shih Mien, Sche Miän.
P. a. M. 134   „Schlaflosigkeit".
Lokalisation: An der Fußsohle, in der Mitte der Ferse.
Indikationen: Schlaflosigkeit, Schmerzen der Fußsohle.
Punktur: senkrecht, 2—3 Fen.
Kommentar: B 62 = Chenn Mo = „Meridian, Gefäß der Chenn-Stunde" (15—17 Uhr = Optimalzeit zur Sedierung des Blasenmeridians.) — ist der Kardinalpunkt für das „Wundergefäß" Yang Tsiao Mo = Yang Keo = Beschleuniger des Yang, unter dessen Indikationen wir Reizbarkeit, Schlaflosigkeit, besonders bei nervösen Erregungszuständen, finden.

B 61 -01:   Quan Sheng Zu, Chuan Sheng Tsu, Tchüan Scheng Dsu.
P. a. M. 139   „Fuß aus der Quelle".
Lokalisation: Auf dem Fersenrücken, auf dem Oberrand des Fersenbeines, in der Mitte der Achillessehne.
Indikationen: Kreuzschmerzen, schwere Geburt, Sodbrennen, Erbrechen.
Punktur: senkrecht, 2—3 Fen.

B 61 -02:   Nü Qi, Nu Hsi, Nü Tchi.
P. a. M. 138   „Weibliches Knie".

Lokalisation:	Auf dem Fersenrücken, in der Mitte des Fersenbeines.
Indikationen:	Alveolarpyorrhö, Gingivitis.
Punktur:	senkrecht, 2—3 Fen.
Kommentar:	zu B 61 -01 und B 61 -02: Die scheinbar so divergierenden Indikationen lassen sich durch die Lokalisation des Bezugspunktes B 61 = Pou Chenn = Pou Sann, was etwa frei übersetzt heißt „Mit Hilfe von 3 Domestiken unterstützt, aufrecht stehen", in unmittelbarer Nähe von B 60 gelegen, erklären. Wenn nun die Koppelung mit dem Yin, also dem Nierenmeridian und die Tatsache, daß B und Dü das Tae Yang bilden, in Betracht gezogen wird, weiters, daß B 61 als erster Punkt des Yang Tsiao Mo anzusehen ist, kann daraus die vielfältige Wirkung des Punktes abgeleitet werden.

B 60 -1:
P. a. M. 141

	Xia Kun Lun, Hsia Kun Lun, Hia Kuen Luen.
	„Unter dem Berg".
Lokalisation:	1 Cun distal von B 60, auf dem Blasenmeridian.
Indikationen:	Kreuzschmerzen, Schmerzen und Schweregefühl in den Beinen, Hemiplegie.
Punktur:	3—5 Fen.

B 60 -01:
Neu-Punkt 77

	Gen Ping, Ken Ping.
	„Knöchelhöhe".
Lokalisation:	Dort, wo eine gedachte Verbindungslinie zwischen innerem und äußerem Knöchel die Achillessehne kreuzt.
Indikationen:	Folgezustände nach Poliomyelitis.
Punktur:	senkrecht, 3—5 Fen.
Kommentar	Schon LAO TSE hat den Punkt B 60 = Kroun Loun (dies ist der Name eines Gebirgszuges in Tibet) als den „Rücken des Landes" bezeichnet, womit er auf die Bedeutung von B 60, der zugleich der King-Punkt des Meridians ist, in seiner Wirkung auf Statik, Wirbelsäule und Rücken hinweisen wollte. Damit ist ein Teil der Indikationen des „Meisterpunktes" gegen alle Schmerzen erklärt.

B 58 -01:
Neu-Punkt 83

	Luo Di, Luo Ti.
	„Auf den Boden fallen".
Lokalisation:	Auf der hinteren Medianlinie des Unterschenkels, 1 Cun unter B 57, medial und etwa distal von B 58.

Indikationen:	Folgezustände nach Poliomyelitis.
Punktur:	senkrecht, 1—2 Cun.
Kommentar:	B 58 = Fei Yang = „Yang — Aufschwung" „Hilfe beim Aufstehen" der Lo = Durchgangspunkt des Meridians zu seinem gekoppelten Yin, dem Nierenmeridian, gilt als Stoffwechselpunkt und als einer der wichtigsten Punkte zur Förderung der Durchblutung der unteren Extremitäten.

B 57 -1:
Neu-Punkt 86

	Cheng Jian, Cheng Chien, Tscheng Djiän. „Zwischenpunkt".
Lokalisation:	Auf dem Blasenmeridian, in der Mitte zwischen B 56 und B 57.
Indikationen:	Folgezustände nach Poliomyelitis (der Punkt hat reaktivierende Wirkung auf die Muskelkraft).
Punktur:	senkrecht, 2—3 Cun.

B 57 -01:
Neu-Punkt 84

	Jiu Wai Fan 2, Chiu Wai Fan 2, Djiu Wai Fan 2. „Korrektur der Supinationsstellung".
Lokalisation:	1 Cun medial von B 57.
Indikationen:	Supination nach Poliomyelitis.
Punktur:	senkrecht, 0,5—1,5 Cun.

B 57 -02:
Neu-Punkt 85

	Jiu Nei Fan, Chiu Nei Fan, Djiu Nee Fan. „Korrektur der Pronationsstellung".
Lokalisation:	1 Cun lateral von B 57.
Indikationen:	Pronation nach Poliomyelitis.
Punktur:	senkrecht, 0,5—1,5 Cun.
Kommentar:	B 57 = Tchreng Chann = Sing Sann = „Bergstütze", im Winkel zwischen den Muskelbäuchen des M. gastrognemius gelegen, wird auch „Fischbauch" genannt, wegen der Ähnlichkeit der Wadenmuskulatur mit dem Leib eines Fisches. Er gilt als wichtiger Punkt gegen Wadenkrämpfe, Myalgien, Muskelspasmen, aber auch gegen Durchblutungsstörungen der Beine.

B 54 -1:
Neu-Punkt 100

	Wei Shang, Uee Schang. „Oberhalb von B 54".
Lokalisation:	2 Cun oberhalb von B 54.

Indikationen: Folgezustände nach Poliomyelitis, Beinschmerzen.
Punktur: senkrecht, 1—3 Cun.
Kommentar: Der Punkt könnte wegen desselben Namens mit dem EXTRA 14 = MP 15 -1 verwechselt werden. Da Shang soviel wie „über, oberhalb" bedeutet, man denke an Shanghai = „Über dem Meer" sind Kombinationen mit diesem Umstandswort des Ortes naturgemäß häufig. Der obige Wei Shang hat jedoch seine Indikationen von B 54 = Oe Tchong „Perfekter Ausgleich" dem bekannten Testpunkt für Gonarthritiden, Stoffwechselpunkt und Ho-Punkt des Blasenmeridians.

B 54 -01:
Neu-Punkt 101

Zhi Li, Chih Li, Dsche Li.
„Der Gerade nach oben".

Lokalisation: 4,5 Cun oberhalb und 0,5 Cun medial von B 54.
Indikationen: Folgezustände nach Poliomyelitis.
Punktur: senkrecht, 1—3 Cun.

B 54 -02:
Neu-Punkt 102

Wai Zhi Li, Wai Chih Li, Uai Dsche Li.
„Der äußere Gerade nach oben".

Lokalisation: 4,5 Cun kranial und 1,5 Cun lateral von B 54.
Indikationen: Folgezustände nach Poliomyelitis.
Punktur: senkrecht, 1—3 Cun.
Kommentar: Die Indikationen wurden von jenen der in der Nähe liegenden Bezugspunkte B 54, B 53 und B 52 abgeleitet, von denen wir nur — Paralyse der unteren Extremitäten, Peroneuslähmung, Muskelspasmen und Schwäche, Kniegelenksaffektionen usw. — in Erinnerung bringen wollen.

B 51 -1:
Neu-Punkt 103

Yin Shang, Yin Schang.
„Oberhalb von B 51".

Lokalisation: 2 Cun kranial von B 51, auf dem Blasenmeridian.
Indikationen: Schmerzen an den dorso-lateralen Partien der unteren Extremitäten, Lenden- und Rückenschmerzen, Kopf- und Nackenschmerzen.
Punktur: senkrecht, 2 Cun.
Kommentar: Der Punkt B 51 = Yann Menn = Yin Men = „Purpurpforte" auch „Tor des Reichtums" genannt, hat folgende Indikationen: Schmerzen und Steifheit der Wirbelsäule,

der Kranke kann sich nicht bücken und doch hat er das Gefühl von einer Last bedrückt zu werden. In den Oberschenkeln spürt er Beschwerden die gleich jenen sind, die bei Durchblutungsstörungen auftreten, zusätzlich hat er die Empfindung, als seien diese geschwollen.
Der „Neu-Punkt" bringt als diesbezüglich nichts Neues.